北大版对外汉语教材·短期培训系列

原版教材参编人员
主　编　郭志良
副主编　杨惠元　高彦德
英文翻译　赵　娅
插　图　张志忠

《速成汉语初级教程·综合课本》修订版

速成汉语基础教程
Speed-up Chinese

郭志良　杨惠元　主编

· 综合课本 ·
An Integrated Textbook

3

图书在版编目(CIP)数据

速成汉语基础教程. 综合课本.3 / 郭志良，杨惠元主编. —北京：北京大学出版社，2007.9

（北大版对外汉语教材·短期培训系列）

ISBN 978-7-301-12724-7

Ⅰ. 速… Ⅱ. ①郭…②杨… Ⅲ. 汉语—对外汉语教学—教材 Ⅳ. H195.4

中国版本图书馆 CIP 数据核字（2007）第 139386 号

书　　　名：速成汉语基础教程·综合课本　3
著作责任者：郭志良　杨惠元　主编
责 任 编 辑：沈岚
标 准 书 号：ISBN 978-7-301-12724-7 / H·1837
出 版 发 行：北京大学出版社
地　　　址：北京市海淀区成府路 205 号　100871
网　　　址：http://www.pup.cn
电 子 信 箱：zpup@pup.pku.edu.cn
电　　　话：邮购部 62752015　　发行部 62750672　　编辑部 62752028
　　　　　　出版部 62754962
印 刷 者：三河市博文印刷有限公司
经 销 者：新华书店
　　　　　　787 毫米 × 1092 毫米　16 开本　11.75 印张　285 千字
　　　　　　2007 年 9 月第 1 版　2018 年 2 月第 5 次印刷
定　　　价：38.00 元（附 MP3 盘 1 张）

未经许可，不得以任何方式复制或抄袭本书之部分或全部内容。
版权所有，侵权必究

作者简介

郭志良,北京语言大学教授,河北青龙县人,1938年生,1964年毕业于河北北京师范学院中文系。郭志良教授长期从事对外汉语教学工作,多次出国任教,有着丰富的教学经验和教材编写经验。他的研究方向为汉语言文字学,曾在《中国语文》、《汉语学习》、《语言教学与研究》、《世界汉语教学》等核心刊物发表有关汉语语法和词汇研究的论文十几篇,出版专著《现代汉语转折词语研究》(国家教委人文社会科学研究项目,北京语言文化大学出版社,1996),主编《速成汉语初级教程综合课本》1-4册(北京语言文化大学出版社,1996),参与编写《中国语会话初阶》、《普通话初步》、《初级口语》、《现代汉语教程》、《汉语同义词词典》等多部教材和工具书。郭志良教授1998年退休后仍然潜心研究,笔耕不辍,并有新作问世。

杨惠元,1945年生,北京语言大学教授,研究方向为对外汉语教学。30多年来,他始终在教学第一线边教学边研究,积累了丰富的教学经验,特别是听说教学方面,教学效果明显并形成了自己独特的教学风格。他曾出版专著《听力训练81法》(现代出版社,1988)、《汉语听力说话教学法》(北京语言文化大学出版社,1996)、《课堂教学理论与实践》(北京语言文化大学出版社,2007),主编《速成汉语初级听力教程》,参与编写《现代汉语教程》、《听力理解》、《速成汉语基础教程综合课本》、《实用英汉词典》等多部教材和工具书,发表论文四十多篇。杨惠元教授1993年和1995年被评为北京市优秀教师,2002年被评为全国对外汉语教学优秀教师,2003年荣获北京市高等学校教学名师称号。

高彦德，男，山东沂南县人，毕业于北京大学东语系。北京语言大学研究员，曾任北京语言大学校长助理，继续教育学院与网络教育学院院长，先后在北京语言大学从事教学及教学管理工作达20年。在国外从事翻译及汉语教学工作（包括海外办学）达16年。受学校派遣，赴韩国首尔建立了北京语言大学驻韩办事处，并于1997年创办北京语文学院，任中方校长并兼任教学工作。2005年至2008年任北京语言大学（泰国）曼谷学院中方院长，并承担教学任务。由于工作地点及工作任务的变动，研究方向也由原来的对外汉语教学（翻译方向）逐渐转为成人高等教育教学管理。先后以合作形式（任主编或副主编）出版汉语教材3部，译著数篇（约70万字）；承担国家汉办大型课题研究项目一个（合作出版35万字的论著一部，该著作曾获当年北京市社科类一等奖，教育部社科类三等奖）；自1999年开始，先后发表数篇有关成人高等教育心理学系列研究论文，其中三篇曾分获北京市成人高等教育学会一、二等奖。

修订版前言

《速成汉语基础教程·综合课本》是《速成汉语初级教程·综合课本》的修订版。在修订过程中，我们保持原教材的优势和特色：

1. 全书共出词语3600多个，基本涵盖了《汉语水平词汇与汉字等级大纲》中的甲乙两级词汇，另有一部分丙级词和超纲词，因此，使用本教程的学生通过HSK考试的等级较高。

2. 原教材筛选和安排了贴近学生生活、学了就能用的话题，这样的内容学生喜欢学，愿意学。课文语言自然流畅，风趣幽默，能够引起学生的学习兴趣，激发他们的学习积极性。

3. 原教材语法点的讲解基本采用归纳法，课文编写不受语法点的绝对控制，允许冒出新的语法点。多年的教学经验证明，对成年人的汉语教学，首先使他们对各种语言现象形成真切的感性认识，到一定阶段再进行归纳总结，帮助他们上升到理性认识，才符合第二语言教学的规律。

4. 原教材设计的练习大都紧紧围绕课文和当课的语法点，针对当课的重点和难点，能够很好地为教师备课、组织课堂教学、对学生进行语言技能和语言交际技能的训练服务。

原教材使用了十多年，我们也发现一些问题，如有的内容老化过时，有的练习显得臃肿，有的语法点解释过于烦琐等。这次修订，我们做的主要工作有：

1. 为学生使用方便，把原教材的四册拆分为八册。本教程是为短期班零起点的外国学生编写的基础汉语教材。原教材80课共四册，每册20课，课本厚，内容多，学生短期内学不完，所以不适合短期班学生选择使用。修订后每册10课，便于教学单位根据学生实际水平灵活选用。学生能够在短期内学完一册课本，也会很有成就感和满足感。

2. 与时俱进，替换了部分课文。原教材中有些过时的内容都已撤换。另外增加了一些新鲜的词语，如"网吧"、"上网"、"手机"、"短信"、"数码相机"、"MP3"、"电子邮件"等等。

3. 压缩了部分练习。原教材的练习丰富有效，但是受教学时间的限制，课上不能全部完成，短期学生又不宜留过多的家庭作业，因此我们精简了练习项目，有些内容移到了与之配套的《速成汉语基础教程·听说课本》中。

4. 精简了语法点的注释。为贯彻"强化词语教学，淡化句法教学"的原则，考虑到短期学生不一定掌握系统的语法，我们把原教材中过于烦琐的语法注释删去，以便于教师讲解和学生记忆。

修订这套教材，我们总的指导思想是：以语音、词汇、语法、汉字等语言要素的教学为基础，通过课堂教学，帮助学生把语言要素转化为语言技能，进而转化为语言交际技能。为此，我们提出以下教学建议：

1. 由于语音是学生语言能力的门面，也是对外汉语教学的难点之一，我们保留了前10课，作为语音集中教学阶段，同时在各课中仍然进行分散的语音训练。希望教师根据学生的发音问题，有选择、有重点、自始至终地加强语音训练。

2. 第一册的重点虽然是语音训练，但教师在突出听说训练的同时，也要重视汉字的认读和书写练习，帮助学生打好汉字基础。

3. 自第二册到第八册，重点是词汇教学。每课生词表里的生词包括课文的生词和练习的生词。两部分生词同等重要。在教学中，希望教师带领学生完成课后的所有练习，并且重视词语的搭配和活用，帮助学生掌握好词语的音、形、义、用。

4. 语法讲解不追求系统性，力求简单明了，从结构入手，重视语义和语用功能的说明。教师可通过图片、动作、影像等各种直观手段展示语法点，再进行机械练习，最后落实到活用上，使学生置身于语言交际的情境中，而不是语法术语和概念中。

5. 课文以话题为中心，为学生提供交际的模式。第一至第四册重点是有关学习、生活方面的交际，从第五册开始逐渐向社会交际过渡，增加介绍中国国情、中国人的观念习俗等文化方面的内容。教师要尽量引导学生以课文为模式，说他们自己想说的话，以此训练学生的思维能力，开发他们的语言潜能，提高交际能力。

6. 教师可采用任务教学法，给学生布置各种交际任务，多组织课堂活动，要求学生使用语言完成交际任务，在使用中学习语言，在交际中学习语言，强化他们学习语言的成就感，激发他们的学习积极性。

《速成汉语基础教程·综合课本》的主编为郭志良和杨惠元，在本教程的修订过程中，张志忠先生修改了部分插图，赵娅修改了部分语法注释的英文翻译，罗斌翻译了前言。

编　者

Preface for the Revised Version

Speed-up Chinese: An Integrated Textbook is the revised version of *Chinese Crash Course* with the following advantages and features reserved:

1. With a vocabulary over 3,600, the book covers the 1st degree and 2nd degree words required by *Syllabus of Chinese Words and Characters*. Words of the 3rd degree and higher are included as well. After learning this course, students are expected to pass the advanced level of HSK.

2. The materials we use are student-centered. The unrevised version provides students with materials from daily life, which can be put into practice immediately after the class. In this way, we believe students would be highly motivated in their language acquisition.

3. We apply inductive method to elaborate the grammar points. We have briefly dealt with the most frequently used grammatical rules and explained them in as non-technical a way as possible. New grammar points are not strictly confined to certain text since long-year teaching experience shows that for adult-learners, a general impression for the language will help them form a stronger foundation for their language learning.

4. The exercises are closely related to the text. The key grammar points are highlighted in the exercises. It is designed to assist teachers to organize in-class activities and consolidate the students' in-class acquisition.

The unrevised version has been in use for over ten years. Great changes have been taken place in the world and also in Chinese language. To make the textbook adapt to the changes, we revise the book. For this revision, our main focus is:

1. For the learners' convenience, we divide the original four volumes into eight. The revised version targets at short-term beginners. The unrevised version includes 80 lessons distributed in four volumes, with each having 20 lessons. While the revised version has 10 lessons for each volume, it can better

suit the needs of short-term beginners.

2. We keep our pace with the times and update the materials. New words, such as Internet café, surf online, cell-phone, text messages are added into the revised version.

3. We remove some of the exercises. The exercises in the unrevised version are affluent. In considering the short learning span, we cut some exercises to suit the short-term learners' needs. A portion of the exercises is transferred to the *Speed-up Chinese: Listening and Speaking*.

4. We simplify the notes and explanations for grammar points. For beginners, emphasis should be put on vocabulary rather than the sentence. We remove some lengthy and complex notes and simplify the explanation to meet the requirements of learners.

Our guideline for the revision is to integrate phonetics, vocabulary, grammar and characters into the textbook and by the designed in-class activities, learners are able to transfer what is in the text into daily use and hence they can improve their language skills. To achieve this goal, we propose the following suggestions for teachers:

1. Pronunciation is a key to language learners' learning and communication success outside the classroom. Accordingly, we reserve the first ten lessons with the focus on pronunciation drills. Pronunciation drills are also distributed in each lesson. We hope that teachers can pay continuous attention to students' pronunciation.

2. Though the first volume focuses on pronunciation drills, Chinese characters should also be involved in class. Teachers should help the students lay a good foundation of Chinese characters.

3. From the second volume to the eighth, the emphasis is on vocabulary. The vocabulary glossary in each lesson includes new words in the text and exercises. Teachers are expected to guide students to finish the exercise;

meanwhile, the collocation and variation of the words should also be emphasized.

4. Teachers are expected to deal with the most frequently used grammatical rules and explained them in as non-technical a way as possible. To achieve this, multi-media assistance, like pictures, body language and videos, can be used in class. In this way, students can be immersed in the language rather than lost in the grammatical jungle.

5. The texts are topic-centered and provide students with communication drills. Volume one to volume four is mainly about campus life. From volume five on, more social talks about Chinese culture, customs and ideas are involved. Teachers are expected to focus on the text and try to open students' mouths, improve their language ability and cultivate their language-learning potential.

6. Teachers can apply task-based approach in class and assign different communication tasks to students. More in-class activities are strongly suggested. Hence, students are able to learn the language through communication and could be motivated by using the language.

Speed-up Chinese: An Integrated Textbook is chiefly-edited by Guo Zhiliang and Yang Huiyuan. Mr. Zhang Zhizhong revised some of the pictures, Zhao Ya revised the English grammar notes and Luo Bin translated the English preface.

Compilers

原版前言

《速成汉语初级教程·综合课本》是为短期班零起点的外国学生编写的初级汉语主体教体（也可供长期班零起点的外国学生使用），教学时间为一个学期（20周），要求学生基本达到国内基础汉语教学一学年所达到的汉语水平。

速成教学时间短，要求高，只有实行"强化＋科学化"的教学，才能成为最优化的教学。我们认为，速成教学总体构想应该是：以掌握话题内容为教学的最低目的，以掌握话题模式为教学的最高目的，以掌握语法、功能为实现教学目的的重要条件，以紧密结合语法、功能的形式多样的大量练习为实现教学目的的重要条件，以紧密结合语法、功能的形式多样的大量练习为实现教学目的的具体措施和根本保障。因此，本教材的总体构想是：以话题为中心，以语法、功能为暗线，以全方位的练习项目为练习主体。

教材具体安排如下：共编80课，语音教学贯彻始终。1~10课突出语音（声母、韵母、声调），不涉及语法和功能；11~80课侧重于语法和功能，兼顾语音（难音、难调、词重音、句重音、语调等）。

编写课文时，我们慎重筛选和安排话题。有关生活、学习、交际方面的内容先出，有关介绍中国国情、中国人的观念习俗的文化内容后出。其中，介绍中国国情的内容，以反映社会积极因素为主，但也有个别课文内容是反映社会消极因素的，目的在于避免脱离的实际，防止产生误导效应。课文内容的确定，均受一定语法点的制约，但又不能捆得过死，注重语言的顺畅和趣味。篇幅逐渐过长，但最长的一般不超过500字。

共出生词3400多个（专名未计算在内）。注音，基本上以社科院语言研究所词典编辑室所编《现代汉语词典》为依据，极个别的参考了汉语水平等级标准研究小组所编《词汇等级大纲》。词性，主要参考冯志纯等主编《新编现代汉语多功能词典》。每课生词平均43个左右，只要求学生掌握本课重点词语。

语法点的选取主要依据汉语水平等级标准研究小组所编《语法等级大纲》。教材中涉及到的语法点，甲级的除少数外，全部出齐，乙级的出了大部分，丙级的也选取了一些。我们对少数语法点进行了调整，扩大了趋向补语、结果补语以及主谓谓语句的范围，增加了状态补语和物量补语。语法难点，分散出。对课文中出现的语法点，我们采取分别对待的处理方法；重点的，注释略多些；次重点的，注释从简；非重点的不注，如连动句、兼语句等。语法点，不是见一个注一个，基本上采取归纳法，并注意说明使用条件。

共选取100多个功能项目。这些功能项目都是学生最常见、最急用的。对这些功能项目也采取归纳法，而且是在逢五、逢十的课中归纳。所归纳的功能项目只具有提示作用，在句型、句式上不求全，教员上课时可根据教学实际情况适当补充。

我们所设计的练习项目是为教师备课、组织课堂教学、对学生进行技能训练服务的，说到底，是为提高学生的交际能力服务的。为此，我们采用了语音、词语、句型、功能、成段表达、篇章模式、阅读训练一条龙的练习方法。这些练习项目为帮助学生打好语音基础、实现从单句表达到成段的平稳过渡提供了可靠的保障。教员可根据教学实示情况适当增减。

我们的教材编写工作一直是在院领导的具体指导下，在校领导和国家对外汉语教学领导小组办公室的大力支持下，在院内同志的热情帮助下进行的。没有上上下下的通力合作，这套教材是编不出来的。

在教材编写过程中，我们召开过院内专家咨询会、校内专家咨询会，参加过合肥教材问题讨论会。与会专家对我们的教材初稿提出了许多宝贵意见，使我们修改工作有了准绳。

在编写课文时，我们参考了校内外的有关教材，如韩鉴堂编《中国文化》、赵洪琴编《汉语写作》、刘德联等编《趣味汉语》、吴晓露主编《说汉语学文化》、潘兆明主编《汉语中级听力教程》、吕文珍主编《五彩的世界》等，从中受益匪浅。

在此，我们谨向有关领导、专家、同行和所有直接或间接帮助过我们的同志表示衷心的感谢。

限于水平，教材的缺点和错误在所难免，恳望使用者给予批评指正。

编者　1995 年 12 月

Preface for the First Version

A Short Intensive Elementary Chinese Course is a main Chinese language course book designed for foreigners at elementary level in short term classes. It can, however, also be used for long term classes. The course covers one semester (20 weeks) in which time the student should reach the basic level it takes a foreign student one year to achieve while studying in China.

Although short term teaching time is limited, it demands a high standard of teaching. Only if the teaching is based on an Intensive and Methodical approach can excellent be achieved in a short term course. We believe that the basic principles underlying the conception of short term teaching should be: firstly, that the minimum teaching aim is the mastery of topic contents; secondly, that the maximum teaching aim is the mastery of topic paradigms; thirdly, that the most important condition for accomplishing the teaching aim is the mastery of grammar and functions; and lastly, that a large number of varied exercises combined closely with grammar and functions should be considered as a concrete and essential part of teaching. Thus, the overall design of the book takes the text as a core, grammar and functions as an underlying framework while a varied selection of exercises provide the main body of material.

The book consists of 80 texts and the teaching of pronunciation is pursued till the end of the course. Lessons 1 to 10 deal with pronunciation (vowels, initial consonants and tones) and not with grammar or functions. These are dealt with in Lessons 11 to 80 which also contain some pronunciation (difficult cases, tones, word stress, sentence stress and intonation).

While compiling the texts we selected and arranged topics carefully. Topics covering day-to-day life, studies and communication come first and are followed by topics centering on the situation in China and about the Chinese people's culture, concepts and customs. Concerning the latter, stress is laid on the positive aspects of the society, although some texts also reflect the more negative aspects. This is so as not to lose contact with reality which could lead to the misunderstanding. The content of the texts is necessarily restricted by grammar, but this should not imply a total confinement and the language should read smoothly and interestingly. The length of texts is extended progressively, the longest one nevertheless consisting of less than 500 words.

  The course introduces more than 3400 words (excluding the proper nouns). Phonetic notations are almost all based on the **Contemporary Chinese Dictionary** edited by the Editorial Division of the Linguistic Research Institute of the Academy of Social Sciences and a handful come from **An Outline of Vocabulary Grades** edited by the Chinese Language Level Grading System Research Group. Parts of the speech are based mainly on **The Newly Compiled Modern Chinese Multiple Functional Dictionary** edited by Feng Zhichun and so on. Each text consists of about 43 items of vocabulary of which the student is required to master the main words and phrases.

  Grammar points have been selected mainly according to **An Outline of Grammar Grades** edited by the Chinese Language Level Grading System Research Group. Except for the grammar on decimals all the items in the grading system that deal with basic grammar have been selected and most items dealing with less frequently used grammar have also been included. We have adjusted some of the grammar points, and extended the scope of others, such as the Complement of Direction, the Complement of Result and the Sentence with a Subject-Predicate Phrase as a predicate. We have also added items on the Complement of State and the Complement of Numeral-Measure. We have dispersed difficult points among texts and dealt with the points of each lesson in different ways. More explanations are given to the important points, simplified explanations are give to the less important points and there are no explanations for the unimportant points such as the Sentence with

Verbal Constructions in Series, the Pivotal Sentence and so on. The inductive method has been used mainly in explaining the points and attention has been given to explanations on how to use them in speech and writing.

More than 100 functional items have been incorporated, all of which are extremely useful and practical to students. These items have been summarised every fifth lesson although only in the form of notes. Sentence constructions have not been thoroughly perfected which allows for teachers' own supplementation according to their individual teaching practice.

The exercises have been designed to be used for teachers' class preparation and lesson plans as well as for student practice of different skills. In the long run they will help to improve students' communication skills. It is with this approach in mind that we have created a new series of exercises covering the following items: pronunciation, words and phrases, sentence constructions, functions, widening means of expression, composition writing, and reading exercises. These are the most essential items for the laying of a solid foundation in pronunciation and communication skills. The number of items may be increased or reduced according to teaching methods.

This book has been compiled from start to finish under the concrete guidance of our University leaders and with the full support of our University leadership and that of the Leading Group Office of Teaching Chinese Language to Foreigners in China, as well as with the warm help of the comrades in our University without whom this book could not have been published.

While compiling the course we consulted the experts of our University and attended the seminar in Hefei on teaching material issues. The experts in this seminar offered us many helpful suggestions witch proved very useful to the drafting of this amendment.

While compiling the book we consulted many works and learned a lot from them. These works include: **Chinese Culture** edited by Han Jiantang,

Chinese Writing edited by Zhao Hongqin, **Interesting Chinese** edited by Liu Delian and so on, Speaking Chinese and Learning the Culture compiled by the chief editor Wu Xiaolu, **A Course of Listening Comprehension of Intermediate Chinese** compiled by the chief editor Pan Zhaoming, **The Colourful world** compiled by the chief editor lü Wenzhen.

We would hereby like to express our sincere thanks to those who have given us direct or indirect assistance.

In the event of errors having been overlooked, we earnestly invite the users of this bood to put forward their criticism and suggestions.

Compilers
December, 1995

CONTENTS

第一课　咱们一点儿没耽误 1
一　课文　Text 1
二　生词　New words 3
三　练习　Exercises 5
四　语法　Grammar 12
五　注释　Notes 15

第二课　我特别喜欢夏天 16
一　课文　Text 16
二　生词　New words 18
三　练习　Exercises 20
四　语法　Grammar 27

第三课　我上当了 30
一　课文　Text 30
二　生词　NNew words 32
三　练习　Exercises 34
四　语法　Grammar 44

第四课　有什么别有病 46
一　课文　Text 46

1

二	生词	New words	48
三	练习	Exercises	50
四	语法	Grammar	59

第五课　你的信超重了 61

一	课文	Text	61
二	生词	New words	62
三	练习	Exercises	64
四	语法	Grammar	72

第六课　他喜欢东方文化 73

一	课文	Text	73
二	生词	New words	75
三	练习	Exercises	77
四	语法	Grammar	83

第七课　我也想多练习口语 85

一	课文	Text	85
二	生词	New words	87
三	练习	Exercises	89
四	语法	Grammar	95

第八课　你拿定主意了吧 99

一	课文	Text	99
二	生词	New words	101
三	练习	Exercises	103
四	语法	Grammar	109

第九课　你的服务态度真好 ··············· 111
一　课文　Text ··············· 111
二　生词　New words ··············· 113
三　练习　Exercises ··············· 115
四　语法　Grammar ··············· 121

第十课　发给爸爸妈妈的邮件 ··············· 123
一　课文　Text ··············· 123
二　生词　New words ··············· 125
三　练习　Exercises ··············· 128
四　语法　Grammar ··············· 134
五　附录　Appendix ··············· 136

练习参考答案　Key to exercises ··············· 138

词汇总表　Vocabulary list ··············· 144

语法索引 (第1册—第3册)
Index of grammar(Book1—Book3) ··············· 163

第一课
咱们一点儿没耽误

 课文　Text

（大内上子给方云天打电话）

大　内：喂，是方云天吗？

方云天：是我，你哪位？

大　内：看来我的发音还是不太好。

方云天：是大内吧？有事吗？

大　内：你喜欢看足球比赛吗？

方云天：喜欢，我是个足球迷。

大　内：有位朋友送我两张球票，我想请你跟我一起去。

方云天：哪两个队比赛？

大　内：中国队对日本队。

方云天：太好了！在哪儿赛？

大　内：工人体育场。

　　　　今天晚上7点20分。

方云天：你从哪儿走？

大　内：我从友谊宾馆走，坐出租车去。你呢？

方云天：我坐公共汽车。

大　内：下午公共汽车很挤，
　　　　你得早点儿走。

方云天：放心吧，我6点半就走。

大　内：我在体育场门口等你。

方云天：好的。

(7点40分方云天在体育场北门找到了大内)

方云天：大内，你在这儿呢！
　　　　什么时候到的？

大　内：差5分7点。你呢？

方云天：7点10分。我在南
　　　　门到处找你。

大　内：对不起，我没说清楚。
　　　　哎呀，7点40了！
　　　　咱们快进去吧。

(两个人在自己的座位上坐下)

方云天：(问身边的一位观众) 请问，现在几比几？

观　众：0比0。

大　内：(对方云天) 好极了，
　　　　咱们一点儿没耽误。

生词 New words

1. 咱们 （代） zánmen — we (including both the speaker and the person or the persons spoken to)
2. 一点儿 （数量） yìdiǎnr — a little, a bit
3. 耽误 （动） dānwu — to delay, to miss
4. 电话 （名） diànhuà — telephone, phone
5. 打电话 — dǎ diànhuà — to call, to telephone
6. 喂 （叹） wèi — hello
7. 看来 — kànlái — it seems, it looks as if
8. 足球 （名） zúqiú — soccer, football
9. 比赛 （名、动） bǐsài — match, competition; to compete
10. …迷 — …mí — fan, enthusiast
    迷 （动） mí — to be crazy about
11. 球 （名） qiú — ball
12. 票 （名） piào — ticket
13. 队 （名） duì — team
14. 对 （动） duì — versus, opposing, against
15. 赛 （动） sài — to match, to compete
16. 体育场 （名） tǐyùchǎng — stadium
    体育 （名） tǐyù — physical training
17. 分 （量） fēn — minute
18. 友谊 （名） yǒuyì — friendship
19. 放心 — fàng xīn — to be at ease, to set one's mind at rest

20. 门口	(名)	ménkǒu	doorway, entrance
21. 差	(动)	chà	to be short of
22. 南(边)	(名)	nán(bian)	south
23. 观众	(名)	guānzhòng	audience
24. 比	(动)	bǐ	to (in a score)
25. O [零]	(数)	líng	zero
26. 刻	(量)	kè	a quarter (of an hour)
27. 起床		qǐ chuáng	to get up
28. 早饭	(名)	zǎofàn	breakfast
29. 上班		shàng bān	to go to work
30. 下班		xià bān	to come or go off work
31. 午饭	(名)	wǔfàn	lunch
32. 晚饭	(名)	wǎnfàn	supper, dinner
33. 钟	(名)	zhōng	time as measured in hours and minutes, clock
34. 以前	(名)	yǐqián	before, ago
35. 出发	(动)	chūfā	to start off, to leave
36. 睡觉		shuì jiào	to sleep
37. 早上	(名)	zǎoshang	morning
38. 踢	(名)	tī	to kick
39. 东(边)	(名)	dōng(bian)	east
40. 北(边)	(名)	běi(bian)	north
41. 西(边)	(名)	xī(bian)	west
42. 场	(名、量)	chǎng	place, ground; (a measure word for recreational and sports activities)

▶ 专名 Proper nouns

1. 天津　　Tiānjīn　　　　name of a city
2. 广州　　Guǎngzhōu　　name of a city
3. 南京　　Nánjīng　　　 name of a city
4. 西安　　Xī'ān　　　　 name of a city
5. 杭州　　Hángzhōu　　 name of a city
6. 青岛　　Qīngdǎo　　　name of a city
7. 大连　　Dàlián　　　　name of a city

练习　Exercises

（一）语音　Pronunciation

1. 辨音辨调　Distinguish the sounds and tones

| zánmen | 咱们 | dānwèi | 单位 | tíyì | 提议 |
| zěnme | 怎么 | dānwu | 耽误 | tǐyù | 体育 |

| yǒuyì | 友谊 | fàng xīn | 放心 | shàng bān | 上班 |
| yóuyù | 犹豫 | fánxīng | 繁星 | xià bān | 下班 |

| yǔqián | 雨前 | shuǐjiǎo | 水饺 | biànhuà | 变化 |
| yǐqián | 以前 | shuì jiào | 睡觉 | diànhuà | 电话 |

2. 三音节声调　Tones of tri-syllables

zúqiúchǎng	足球场	zúqiúmí	足球迷
lánqiúchǎng	篮球场	lánqiúmí	篮球迷
páiqiúchǎng	排球场	páiqiúmí	排球迷
zúqiúpiào	足球票	zúqiúduì	足球队
lánqiúpiào	篮球票	lánqiúduì	篮球队
páiqiúpiào	排球票	páiqiúduì	排球队
zúqiúsài	足球赛	tǐyùchǎng	体育场
lánqiúsài	篮球赛	tǐyùguǎn	体育馆
páiqiúsài	排球赛	tǐyùkè	体育课

3. 语调　Sentence intonation

（1）方老师呢？
　　张老师呢？
　　山本正呢？
　　金汉成呢？

（2）我的手表呢？
　　我的词典呢？
　　你的球票呢？
　　你的自行车呢？

（3）我去图书馆，你呢？
　　我去看球赛，你呢？
　　我坐出租车去，你呢？
　　我6点50到的，你呢？

（4）我去体育场，你呢？
　　我去看朋友，你呢？
　　我坐公共汽车去，你呢？
　　我7点10分到的，你呢？

（二）词语　Words and phrases

1. 用下列生词至少组成两个短语
Make at least two phrases with each of the following words

（1）耽误＿＿＿＿　＿＿＿＿

（2）比赛＿＿＿＿　＿＿＿＿

（3）体育＿＿＿＿　＿＿＿＿

（4）放心＿＿＿＿　＿＿＿＿

（5）电影＿＿＿＿　＿＿＿＿

（6）踢＿＿＿＿　＿＿＿＿

（7）以前＿＿＿＿　＿＿＿＿

（8）出发＿＿＿＿　＿＿＿＿

第一课　咱们一点儿没耽误

2. 选择正确的汉字填空　Choose the proper word to fill in the blank

   (1) 我想_____你跟我一起去商店。（请　情　清）

   (2) 对不起，我没说_____楚。（请　情　清）

   (3) 我介绍一下学习_____况。（请　情　清）

   (4) 我喜欢看足球_____赛。（北　比）

   (5) 方云天在体育场_____门找到了大内上子。（北　比）

   (6) 请问，现在_____点？（儿　几　九）

   (7) 王老师有一个_____子，两个女_____。（儿　几　九）

   (8) 我们班有_____个学生。（儿　几　九）

3. 快速说出下列时间并写出汉字

   Speak out the phrases quickly and write them down in Chinese

1：00	1：05	2：00	2：10
3：15	4：20	5：25	5：30
6：00	7：33	8：40	9：45
10：52	11：55	11：59	12：00

4. 判别正误　(对的画 "√"，错的画 "×")

   Distinguish the right from the wrong　(write √ for the right and × for the wrong)

   (1) 我是1点钟以前到的。

   　　意思是"我一小时以前就来了"。（　　）

   (2) 我等了你一小时。

   　　意思是"我从1点钟开始等你"。（　　）

   (3) 小于，咱们是好朋友，帮帮忙吧。

   　　"咱们"的意思是说话的人和小于两个人。（　　）

   (4) 小于，明天我们去看电影好不好？

   　　"我们"的意思是说话的人和小于两个人。（　　）

(5) 小于，我们昨天去公园了，你怎么没去？
"我们"的意思是说话的人和小于两个人。（　　）

（三）句型　Sentence patterns

1. 替换　Substitution

(1) A：现在几点？
    B：现在八点。

八点零五分	（8：05）
八点一刻	（8：15）
八点二十	（8：20）
八点半	（8：30）
八点三十五	（8：35）
八点四十五	（8：45）
八点三刻	（8：45）
差一刻九点	（8：45）
八点五十	（8：50）
差十分九点	（8：50）

(2) A：你几点起床？
    B：我六点起床。

吃早饭	7：10
去教室	7：40
上课	8：00
上班	9：00
下课	11：50
下班	5：00
去食堂	12：00
吃午饭	12：20
吃晚饭	6：15
辅导	2：30
睡觉	11：00

（3）A：你什么时候去？

B：差5分7点。

来	早上7：45（七点三刻）
做	上午9：15（九点一刻）
走	上午10点钟
看	上午11点以前
开始	下午4点
结束	晚上9点半
做完	晚上10点以后
出发	12点

（4）A：你哪儿人？

B：我北京人。

上海
天津
广州
南京
西安
杭州
青岛
大连

(5) A：我去，你呢？
　　B：我也去。

> 明天去
> 明天下午去
> 坐出租车去
> 和艾米一起去
> 去西安旅行
> 不去天津
> 喜欢唱歌
> 喜欢踢足球
> 喜欢看足球比赛

2. 根据实际情况快速回答　Give the actual answers quickly

　　(1) 你几点起床？
　　(2) 你几点吃早饭？
　　(3) 你几点去教室？
　　(4) 你几点上课？
　　(5) 你几点吃午饭？
　　(6) 你几点开始复习？
　　(7) 你几点做作业？
　　(8) 你几点吃晚饭？

（四）按照下列情景，用本课句型谈话
Have a talk on the following topics, using the patterns in the text

1. 你打电话约（yuē, to make an appointment）你的朋友去看电影。

2. 你打电话约你的朋友去看足球比赛。

3. 你给辅导老师打电话,改变(gǎibiàn, to change)辅导时间。

(五) 阅读 Reading

看足球比赛

方云天是个足球迷,大内上子也喜欢看足球。

有个朋友送给大内上子两张球票,是今天晚上中国国家队对上海队的比赛。可是,晚上7点到9点是辅导时间。大内想,辅导时间可以换,可是比赛时间是不能换的。于是(yúshì, so)她打电话邀请(yāoqǐng, to invite)方云天看球赛。

大内坐出租车,6点55分就来到了体育场北门。方云天坐公共汽车,7点10分到达(dàodá, to arrive)南门。两个人你找我,我找你,找了一刻钟才见面(jiàn miàn, to see each other)。

大内说:"真对不起,怪我电话里没说清楚。"

方云天说:"是我没问清楚。"

大内说:"幸亏(xìngkuī, fortunately, luckily)体育场只有两个门。"

方云天:"要是有四个门,就更糟糕了。"

1. 快速阅读,读后在下面每个问题的四个答案(A、B、C、D)中选择唯一恰当的答案(在字母上画一横道) Multiple choice

(1) 这篇短文告诉我们
    A. 方云天喜欢看足球比赛。
    B. 大内上子是足球迷。
    C. 方云天和大内上子都喜欢看足球比赛。
    D. 方云天和大内上子都不喜欢看足球比赛。

(2) 下面哪种说法对

A. 大内上子先来到体育场北门。

B. 方云天先来到体育场南门。

C. 大内上子先来到体场南门。

D. 方云天先来到体育场北门。

(3) 方云天说："要是有四个门，就更糟糕了。"他的意思是

A. 体育场只有四个门。

B. 体育场有四个门找人很容易。

C. 体育场有四个不好的门。

D. 体育场要是有四个门，就更不容易找到了。

2. 回答问题　Answer the following questions

(1) 大内为什么打电话请方云天看足球比赛？

(2) 他们为什么找了一刻钟才见面？

3. 朗读短文　Read the text aloud

语法　Grammar

(一) 名词谓语句　Sentence with a nominal predicate

这种句子，谓语从国别、籍贯、处所、姓氏、季节、天气、数量（包括时间、年龄、号码、度量衡）等方面对主语进行说明。如：

The predicates of this kind of sentences explain the different aspects of their subjects such as nationality, native place, name, season, weather and quantity (including time, age, number and measures), e.g.:

(1) 她美国人。

（2）喂，你哪儿？

（3）一天二十四小时。

注意：（1）这种句子，一般用于非正式场合的口语。（2）其否定形式一般是"不是……"。

Points for attention：（1）This kind of sentence is informal and usually used in spoken language.（2）Its negative form generally is 不是….

（二）用"呢"的省略疑问句　　Elliptical question with 呢

疑问语气助词"呢"用于词、短语之后，可构成疑问句。这种疑问句一般问处所，有上文时，也可以问时间、方式、行为、状况、原因或结果等。如：

The interrogative modal particle 呢 is used after words and phrases to form a question. This kind of question is usually used to ask about places. When there is a context，呢 can be used to ask about time，manner，action，state，reason or result and so on，e.g.:

（1）大内呢？≈大内在哪儿？

（2）我明天去，你呢？≈你什么时候去？

（3）我和艾米一起去，你呢？≈你和谁一起去？

（4）我去，你呢？≈你去不去？

（5）这本词典不错，那本呢？≈那本怎么样？

（6）他要是愿意去，当然好。他要是不愿意去呢？

　　≈他要是不愿意去，怎么办？

（三）钟点儿表达法　　The way to express the time

汉语里表示钟点儿的短语采用从大到小的排列法。如：

In Chinese，time is indicated in the following order: hour—minute—second (bigger unit before a smaller one），e.g.:

9：00 九点（钟） 　　　　　　9：05 九点（零）五分

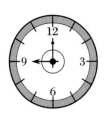 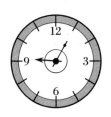

9：15 九点十五分 九点一刻　　9：25 九点二十五分

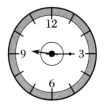 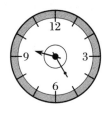

9：30 九点三十分 九点半　　9：40 九点四十分 差二十分十点

9：45 九点四十五分 差十五分十点 差一刻十点 九点三刻

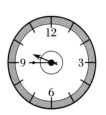

9：55 九点五十五分 差五分十点

注意：(1)表示钟点儿的短语之前不加介词"在"。(2)做状语时，一般放在述语之前，如果作为话题，要放在主语之前。如：

Points for attention：（1）The preposition 在 is not used before the time phrase.（2）When the time phrase is used as an adverbial, it is usually placed before the predicate; but if it is used as a topic, it is placed before the subject of the sentence, e.g.:

A：我们下午四点一起去图书馆，好吗？

B：下午四点，我有事儿。

注释 Notes

1. **"点"与"小时"**："点"用于表示时序，"小时"用于表示时段。

点 is used to indicate the point of time, and 小时 is used to indicate the period of time.

2. **"我们"与"咱们"**："我们"可以包括听话人，也可以不包括听话人，口语书面语通用。"咱们"包括听话人，限于口语。

我们 can either include or exclude the listeners, and it is used both in written and spoken language. 咱们 includes the listeners, and is used in spoken language.

3. **"看来"**：表示依据客观条件估测某种结果，只做状语。

看来 is used to estimate a certain result according to the fact, and it is only used as an adverbial.

第二课
我特别喜欢夏天

 课文　Text

（一天下午，王才见金汉成一个人在校园里散步，就走了过去）

王　才：金汉城，你怎么一个人在这儿散步？

金汉城：我身体有点儿不舒服。

王　才：怪不得你脸色不太好。

金汉城：这几天天气太热，晚上没睡好觉。

王　才：你们国家夏天不这么热吧？

金汉城：我家住在山上，夏天不热。

王　才：天气预报说，今天晚上晴转阴有小雨，最低气温20℃（摄氏度）。

金汉城：太好了，今天晚上我可以睡个好觉了。

王　才：一年四季，我最不喜欢夏天，看来你也是。

第二课　我特别喜欢夏天

金汉城：不，我特别喜欢夏天，要是一年四季都是夏天就好了。

王　才：这是为什么？

金汉城：我父亲是做空调生意的。

（贝拉和方云天谈话）

贝　拉：今天几号？

方云天：今天8月3号，星期五。

贝　拉：明天没有课，咱们一起去游泳怎么样？

方云天：好主意！你游得很快吧？

贝　拉：我100米自由泳的最好成绩是1分15秒。

方云天：真快！我游得也不慢。

贝　拉：是吗？

方云天：我家前边有条河。我一分钟就能游到河对面。

贝　拉：河有多宽？

方云天：不到8米。

生词 New words

1. 散步		sàn bù	to have a walk, to walk
2. 脸色	（名）	liǎnsè	look, countenance
脸	（名）	liǎn	face
色（色儿）	（名）	sè（shǎir）	colour
3. 国家	（名）	guójiā	country, state, nation
4. 预报	（动）	yùbào	to forecast
5. 晴	（形）	qíng	sunny
6. 转	（动）	zhuǎn	to turn
7. 阴	（形）	yīn	cloudy, overcast
8. 雨	（名）	yǔ	rain
9. 雪	（名）	xuě	snow
10. 低	（形、动）	dī	low; to lower
11. 高	（形、名）	gāo	tall, high; height
12. 气温	（名）	qìwēn	temperature
13. 度	（量）	dù	degree (a measure word for temperature, etc.)
14. 白天	（名）	báitiān	daytime, day
15. 夜间	（名）	yèjiān	night
16. 间	（动）	jiàn	separate
17. 云	（名）	yún	cloud
18. 中	（形）	zhōng	middle, central, mid
19. 季	（名）	jì	season

20.	父亲	(名)	fùqin	father
21.	生意	(名)	shēngyi	business
22.	月	(名)	yuè	month
23.	游泳		yóu yǒng	to swim
24.	米	(量)	mǐ	meter
25.	自由泳	(名)	zìyóuyǒng	free-style (swimming)
	自由	(形、名)	zìyóu	free, freedom
26.	成绩	(名)	chéngjì	result, achievement, success
27.	秒	(量)	miǎo	second
28.	对面	(名)	duìmiàn	opposite
29.	宽	(形、名)	kuān	wide, broad; width
30.	爱人	(名)	àiren	wife or husband, spouse
31.	努力	(形)	nǔlì	to make great efforts, to try hard
32.	滑	(动)	huá	to slip, to slide
33.	冰	(名)	bīng	ice
34.	百	(数)	bǎi	hundred
35.	千	(数)	qiān	thousand
36.	亿	(数)	yì	a hundred million
37.	日历	(名)	rìlì	calendar
38.	春天	(名)	chūntiān	spring
	春季	(名)	chūnjì	spring
39.	秋天	(名)	qiūtiān	autumn
	秋季	(名)	qiūjì	autumn
40.	季节	(名)	jìjié	season
41.	明年	(名)	míngnián	next year

42. 后年	（名）	hòunián	the year after next
43. 去年	（名）	qùnián	last year
44. 前年	（名）	qiánnián	the year before last

▶ ～～～～～～～～～～ 专名 **Proper nouns**

| 摄氏 | | Shèshì | centigrade, Celsius |

练习 Exercises

（一）语音 Pronunciation

1. 辨音辨调　Distinguish the sounds and tones

{ shànbù　苫布
{ sànbù　散步

{ guójiā　国家
{ héjiā　合家

{ Shèshì　摄氏
{ shuòshì　硕士

{ shēngyi　生意
{ shēngyù　生育

{ yóuyǒng　游泳
{ yǒuyòng　有用

{ shuǐmiàn　水面
{ duìmiàn　对面

{ ǎirén　矮人
{ àiren　爱人

{ kǔlì　苦力
{ nǔlì　努力

{ huàbǐng　话柄
{ huá bīng　滑冰

第二课　我特别喜欢夏天

2. 三音节声调　Tones of tri-syllables

xīngqīyī	星期一	xīngqī'èr	星期二
xīngqīsān	星期三	xīngqīsì	星期四
xīngqīwǔ	星期五	xīngqīliù	星期六
xīngqītiān	星期天	xīngqīrì	星期日

yìqiān yī	一千一	yìqiān èr	一千二
yìqiān sān	一千三	yìqiān sì	一千四
yìqiān wǔ	一千五	yìqiān liù	一千六
yìqiān qī	一千七	yìqiān bā	一千八
yìqiān jiǔ	一千九

yíwàn yī	一万一	yíwàn èr	一万二
yíwàn sān	一万三	yíwàn sì	一万四
yíwàn wǔ	一万五	yíwàn liù	一万六
yíwàn qī	一万七	yíwàn bā	一万八
yíwàn jiǔ	一万九

3. 语调　Sentence intonation

你是去宾馆吧？

你有事儿吧？

你们国家夏天不这么热吧？

你喜欢游泳吧？

你身体不舒服吧？

你不喜欢夏天吧？

（二）词语　Words and phrases

1. 用下列生词至少组成两个短语

   Make at least two phrases with each of the following words

   （1）高 ＿＿＿＿＿　＿＿＿＿＿　　（2）低 ＿＿＿＿＿　＿＿＿＿＿

(3) 宽 _____ _____   (4) 努力 _____ _____

(5) 生意 _____ _____   (6) 成绩 _____ _____

(7) 对面 _____ _____   (8) 游泳 _____ _____

2. 读下列数字（先读出位数，然后直读数字） Read the following numbers

994   2,134   43,185   304,526   5,625,783

73,410,050   356,947,308   1,143,758,200

3. 从本课生词表中选择恰当的词语填空

Fill in the blanks with the appropriate new words from this lesson

(1) 小王病了，他_____不太好。

(2) 我每天晚饭以后去_____。

(3) 我们学校的_____有一个大商店。

(4) 夏天贝拉常常去_____。

(5) 我常常听天气_____。

(6) 今天的最高_____是34°C。

(7) 彼得的父亲是做汽车_____的。

(8) 我们班山本正的学习_____最好。

(9) 我们_____学习汉语。

(10) 人民喜欢_____和幸福的生活。

(11) 这个城市一年有四个_____：春天、夏天、秋天和冬天。

4. 选词填空（在答案的字母上画一横线）

Choose the proper word to fill in the blank

(1) 他一_____人在这儿散步。

　　A. 位　　　B. 口　　　C. 个　　　D. 本

(2) 我们学校后边有一_____河。

    A. 米   B. 度   C. 只   D. 条

(3) 我的手表每天快5_____。

    A. 秒   B. 度   C. 米   D. 条

(4) 他的汽车有四_____长。

    A. 米   B. 秒   C. 条   D. 张

5. 连线

今年	18 岁
明年	19 岁
后年	20 岁
去年	21 岁
前年	22 岁
春天	游泳
夏天	滑冰
秋天	暖和
冬天	凉快

（三）句型　Sentence patterns

1. 替换　Substitution

(1) A：今天几号？

    B：今天 <u>8月3号</u>。

> 1月1号
> 2月14号
> 3月8号
> 4月26号
> 5月4号

23

6月22号
7月15号
9月10号
10月1号
11月24号
12月25号

（2）A：今天几号？星期几？

　　B：今天 <u>3号</u>，星期<u>五</u>。

日	一	二	三	四	五	六
			1	2	3	4
5	6	7	8	9	10	11
12	13	14	15	16	17	18
19	20	21	22	23	24	25
26	27	28	29	30	31	

（3）A：你听天气预报了吗？

　　B：听了。今天<u>白天晴</u>，最<u>高</u>气温<u>32℃</u>。

夜间	阴	低	18℃
白天	晴间多云	高	29℃
夜间	多云转阴	低	14℃
白天	阴有小雨	高	25℃
夜间	有中到大雨	低	12℃
白天	晴转多云	高	26℃
夜间	阴转多云	低	5℃

白天	多云间阴	高	33℃
夜间	阴间多云	低	-12℃（零下）
白天	阴有小雪	高	2℃

（4）A：<u>你身体</u>怎么样？

　　　B：<u>我身体很好</u>。

你父亲	身体	不太好
你母亲	身体	很好
他爱人	身体	还可以
他	学习	不错
他们	生活	很幸福
小李	工作	非常努力
小张	脸色	不太好
小王	成绩	非常好

2. 根据实际情况快速回答　Give the actual answers quickly

（1）今天 8 月 3 号，明天几号？

（2）今天 1 月 1 号，后天几号？

（3）今天 2 月 14 号，大后天几号？

（4）今天 3 月 8 号，昨天几号？

（5）今天 4 月 26 号，前天几号？

（6）今天 5 月 4 号，大前天几号？

（7）今天星期一，后天星期几？

（8）今天星期二，前天星期几？

（9）今天星期五，大前天星期几？

（10）今天星期六，大后天星期几？

（四）按照下列情景，用本课句型谈话
Have a talk on the following topics, using the patterns in the text

1. 听天气预报以后谈今天、明天的天气。

2. 谈你们国家的季节和天气。

3. 谈你现在居住（jūzhù）的城市的季节和天气。

4. 你跟你的朋友互相询问生日是哪天。

（五）阅读　Reading

这是一张2007年8月23日（星期四）的日历。八月大。"大"意思是大月。1月、3月、5月、7月、8月、10月、12月是大月，每个月31天。4月、6月、9月、11月是小月，每个月30天。2月也是小月，平年（píngnián, non-leap year）28天，闰年（rùnnián, leap year）29天。

1. 回答问题　Answer the following questions

（1）这是哪天的日历？

（2）3月有多少天？

（3）9月有多少天？

（4）4月有没有31号？

（5）12月有没有31号？

（6）8月21号是星期几？

（7）8月26号是星期几？

（8）8月30号是星期几？

2. 根据下边两张日历对话　Make dialogues about the calendars below

```
2010          7
4月小
星期三
农历庚寅年二月小庚辰二十三丁亥
谷雨：公历4月20日　农历三月初七

2010          18
10月大
星期一
农历庚寅年九月小丙戌十一辛丑
霜降：公历10月23日　农历九月十六
```

四 语法 Grammar

（一）主谓谓语句（1）

Sentence with a subject-predicate phrase（SP phrase）as its predicate (1)

有一种主谓谓语句，作谓语的主谓短语中的小主语跟全句的大主语之间有领属关系。如：

There is a kind of sentence with a S-P phrase as its predicate in which the subject of the S-P phrase has a possessive relation with the subject of the whole sentence，e.g.：

主 语 zhǔyǔ	谓 语 wèiyǔ	
	主语 zhǔyǔ	谓语 wèiyǔ
我	身体	有点儿不舒服
你	脸色	不太好

（二）是非疑问句（2） Yes-no question (2)

句尾用疑问语气助词"吧"的疑问句也是是非疑问句。当说话人对所问内容已有某种估计，但还不能完全肯定，要求听话人给以证实时，就用这种疑问句。如：

A sentence in which the interrogative modal particle 吧 is placed at the end is also known as a yes-no question. This question will be used when the speaker has already had a certain estimation but is still not quite sure about the thing he is asking and expects the listener to confirm it, e.g.:

(1) 贝拉小姐喜欢游泳吧？

(2) 你不是上海人吧？

（三）一百以上的称数法 Enumeration above one hundred

汉语里，一百以上的数，位数词是"百、千、万、亿"。如：

In Chinese, the digit places above one hundred are 百, 千, 万 and 亿, e.g.:

432	读作："四百三十二"
9,430	读作："九千四百三十"
89,400	读作："八万九千四百"
789,000	读作："七十八万九千"
2,709,000	读作："二百七十万零九千"
12,009,000	读作："一千二百万零九千"
412,009,000	读作："四亿一千二百万零九千"

注意：（1）"0"处于数目的末尾时，不管是几个，都不读出；不处于数目的末尾时要读出，但不止一个"0"连在一起时，只读一次。（2）"10,000"读作"一万"，不读作"十千"。

Points for attention：（1）When "0" is at the end of a number, no matter how many of it, they will not be read out. When "0" is not at the end of a number, it should be read out; but when there are two or more than two 0 in series, only one of them should be read out. （2）10,000 should be read as 一万, not as 十千 （ten thousand）.

（四）日期表达法　The way to express the date

汉语里日期的表达采用从大到小的排列法。公历"年""月""日"前边一般使用阿拉伯数字，但同时注明星期几时，可用汉字。如：

In Chinese, date is indicated in the following order: year-month-date. In written language before 年，月 and 日，the Arabic numerals are usually used, and if the day of the week follows, the day should be written in Chinese, e.g.：

2015 年 2 月 14 日

2015 年 2 月 14 日（星期六）

二〇一五年二月十四日，星期六

注意：（1）除非是特殊需要，表"年"的数字，只读系数词，不读出位数词。（2）表星期的数字都用汉字。（3）"日"是书面语，"号"是口语，但"星期日"不能说成"星期号"。

Points for attention：（1）When the year is read out, only the digits should be read out, except for special need. （2）The days of the week should be written in Chinese. （3）日 is used in written language, and 号 is used in spoken language, but 星期日 can not be read out as 星期号.

第三课　我上当了

课文　Text

（王欢下班回家，顺便来到路边的自由市场）

小商贩：快来瞧，快来看！
　　　　我的货又便宜又好看！

王　欢：这袜子多少钱一双？

小商贩：12块，多便宜！

王　欢：一点儿不便宜。

小商贩：瞧你说的，这些是法国进口的高级丝袜。你瞧，这商标上全是外国字儿。

王　欢：得了吧！这是汉语拼音。

小商贩：是吗？你说给多少？

王　欢：5块。

小商贩：你也太狠了。10块。

王　欢：7块。

小商贩：7块5，不能再少了。

王　欢：好吧，来一双。

小商贩：先生买东西真是个行家。

(王欢回到家里)

王　欢：(对妻子说) 我回来了。

刘　丽：怎么才回来？

王　欢：我去自由市场了。

刘　丽：买什么了？

王　欢：给你买了双丝袜。小贩要12块，我砍到了7块5。

刘　丽：不贵。我妹妹昨天买了一双丝袜，花了10块。

王　欢：她哪儿会买东西呀？

刘　丽：拿来我看看。(打开包装) 呀！这是尼龙袜子！7块5可以买三双。

王　欢：糟糕，我上当了。

生词 New words

1.	上当		shàng dàng	to be fooled, to be taken in
2.	商贩	(名)	shāngfàn	small retailer, pedlar
3.	瞧	(动)	qiáo	to look
4.	货	(名)	huò	goods, merchandise
5.	又…又…		yòu…yòu…	both…and…
6.	袜子	(名)	wàzi	socks, stockings
7.	这些	(代)	zhèxiē	these
8.	进口		jìn kǒu	to import
9.	高级	(形)	gāojí	high-grade, high-quality, senior
10.	丝袜	(名)	sīwà	stockings
11.	商标	(名)	shāngbiāo	trade mark, brand
12.	外国	(名)	wàiguó	foreign country
13.	字	(名)	zì	word, character
14.	得了	(动)	déle	indicate prohibition or agreement
15.	拼音	(动)	pīnyīn	combine sounds into syllables
16.	狠	(形)	hěn	ruthless, harden
17.	行家	(名)	hángjia	expert
18.	妻子	(名)	qīzi	wife
19.	市场	(名)	shìchǎng	market
20.	小贩	(名)	xiǎofàn	pedlar

第三课　我上当了

21.	砍	（动）	kǎn	to bargain
22.	花	（动）	huā	to spend, to expend
23.	呀	（叹）	yā	(an exclamation)
24.	尼龙	（名）	nílóng	nylon
25.	操场	（名）	cāochǎng	playground, sports ground
26.	阅览室	（名）	yuèlǎnshì	reading room
27.	参加	（动）	cānjiā	to take part in, to attend, to join in
28.	愿意	（能动）	yuànyì	to be willing, to want, to wish
29.	小说	（名）	xiǎoshuō	novel, fiction
30.	跳舞		tiào wǔ	to dance
31.	布鞋	（名）	bùxié	cloth shoes
	布	（名）	bù	cotton, cloth
	鞋	（名）	xié	shoes
32.	皮鞋	（名）	píxié	leather shoes
33.	斤	（量）	jīn	(a measure word)
34.	国产	（形）	guóchǎn	domestic products
35.	卖	（动）	mài	to sell
36.	这样	（代）	zhèyàng	this way, like this, so, such
37.	(一)些	（量）	(yì)xiē	some
38.	夸奖	（动）	kuājiǎng	to praise
39.	拿	（动）	ná	to take, to get
40.	那些	（代）	nàxiē	those
41.	角	（量）	jiǎo	(a measure word)

42. 毛	（量）	máo	(a measure word)
43. 两	（量）	liǎng	(a measure word)
44. 车站	（名）	chēzhàn	station, bus stop
45. 机场	（名）	jīchǎng	airport
46. 有用	（形）	yǒuyòng	useful
47. 可能	（能动、名）	kěnéng	can, may; possibility

▶ ～～～～～～～～～～～～～～～～～～专名 **Proper nouns**

1. 法国　　　　　　　Fǎguó　　　　　France
2. 刘丽　　　　　　　Liú Lì　　　　　name of a person

 练习　Exercises

（一）语音　Pronunciation

1. 辨音辨调　Distinguish the sounds and tones

{ jìn kǒu　进口　　　{ gāojí　高级　　　{ wèi guó　卫国
{ jìng jiǔ　敬酒　　　{ guóqí　国旗　　　{ wàiguó　外国

{ biānyīn　边音　　　{ huángjiā　皇家　　{ shāngchǎng　商场
{ pīnyīn　拼音　　　{ hángjia　行家　　　{ shìchǎng　市场

{ qīzi　妻子　　　　{ cǎochǎng　草场　　{ yuànyì　愿意
{ qízi　旗子　　　　{ cāochǎng　操场　　{ yuányì　园艺

2. 三音节声调　Tones of tri-syllables

shíyī kuài	十一块	shí'èr kuài	十二块
shísān kuài	十三块	shísì kuài	十四块
shíliù kuài	十六块	shíqī skuài	十七块
shíbā kuài	十八块	shíjiǔ kuài	十九块

yí kuài wǔ	一块五	yì máo wǔ	一毛五
qī kuài wǔ	七块五	qī máo wǔ	七毛五
bā kuài wǔ	八块五	bā máo wǔ	八毛五
liǎng kuài wǔ	两块五	liǎng máo wǔ	两毛五

3. 重音　Stress

他的病好点儿了。

雨小点儿了。

天气暖和点儿了。

天气凉快点儿了。

他的身体好多了。

我现在舒服多了。

这双袜子便宜多了。

这个房间小多了。

这里的冬天冷极了。

这里的夏天热极了。

他写的汉字清楚极了。

公园里的花儿漂亮极了。

（二）词语　Words and phrases

1. 用下列生词至少组成两个短语

Make at least two phrases with each of the following words

（1）货 _____　　（2）拿 _____

(3) 卖 _____ _____ 　　　　(4) 参加 _____ _____

(5) 高级 _____ _____ 　　　(6) 外国 _____ _____

(7) 进口 _____ _____ 　　　(8) 市场 _____ _____

(9) 得 _____ _____ 　　　　(10) 愿意 _____ _____

(11) 可能 _____ _____ 　　　(12) 夸奖 _____ _____

2. 读下列数字（先读出位数，然后直读数字） Read the following numbers

| 12,345 | 27,864 | 39,408 | 45,000 | 54,321 |
| 60,302 | 70,050 | 89,046 | 90,008 | 99,999 |

3. 从本课生词表中选择恰当的词语填空

Fill in the blanks with the appropriate new words from this lesson

(1) 我在自由_____买东西常常_____。

(2) 便宜没好_____，好_____不便宜。

(3) 每个生词的后边都有汉语_____。

(4) 这些都是日本_____的_____汽车。

(5) 这不是丝袜，是_____袜子。

(6) 我每天下午四点去_____踢足球。

(7) 你常去_____看书吗?

(8) 老师常常_____我们。

(9) 丁兰是买东西的_____。

(10) 你看，这双袜子怎么没有_____?

(11) 你想_____今天的晚会吗?

(12) 他们都_____买_____皮鞋。

(13) 那个人的心太_____了，他常打他的孩子。

(14) 我不会_____，你教我_____好吗？

(15) 这些生词很_____。

4. 判断词语的位置（每个句子下面都有一个指定词语，句中 ABCD 是供选择的不同位置，请判断这一词语放在句子哪个位置上恰当，在字母上画一横道）
   Choose the proper place for the word given

(1) 晚上 A 我们 B 去 C 图书馆 D 看书。

　　　　　　　全

(2) 十块 A 太贵了，B 能 C 不能 D 便宜点儿？

　　　　　　　再

(3) A 八点半了，你们 B 怎么 C 去 D 上课？

　　　　　　　才

(4) 你 A 现在 B 跟我 C 一起 D 去吧。

　　　　　　　就

(5) A 现在 B 八点三分，C 我们 D 上课。

　　　　　　　刚

(6) A 夏天 B 学生们 C 喜欢 D 游泳。

　　　　　　　都

(7) 十块 A 太 B 贵了，七块 C 钱 D 怎么样？

　　　　　　　也

(8) 今天的 A 作业 B 我 C 没 D 做呢。

　　　　　　　还

（三）句型　Sentence patterns

1. 替换　Substitution

（1）A：大内呢？

B：她去 自由市场 了。

商店
书店
医院
公园
教室
食堂
操场
车站
机场
办公楼
图书馆
阅览室

（2）A：你去哪儿了？

B：我去 自由市场 了。

商店
书店
医院
公园
教室
食堂
操场
车站

第三课 我上当了

```
机场
办公楼
图书馆
阅览室
```

（3）A：你做练习了吗？

B：我做练习了。

（我没做练习。）

```
写    作业
念    课文
听    录音
买    词典
画    画儿
看    电影
吃    药
修    自行车
预订  房间
翻译  这篇文章
```

（4）A：他愿意帮助你吗？

B：他愿意帮助我。

A：小王还愿意帮助你吗？

B：小王不愿意帮助我了。

```
请    客
去    旅行
当    警察
来    我们学校
买    进口货
辅导  你
```

参加	比赛
翻译	这本小说
回答	这个问题
准备	生日晚会

（5）A：他愿意帮助你了吗？

　　B：他愿意帮助我了。

　　　（他还是不愿意帮助我。）

请	客
去	旅行
当	警察
来	我们学校
买	进口货
辅导	你
参加	比赛
翻译	这本小说
回答	这个问题
准备	生日晚会

（6）A：我想去散步。

　　B：你别去了。咱们看电视吧。

睡觉	去跳舞
跳舞	去游泳
游泳	去看电影
滑冰	去滑雪
看电视	去散步
买双鞋	回去
踢足球	去图书馆

（7）A：这袜子多少钱一双？

B：10块。

丝袜	双	18块
皮鞋	双	150块
苹果	斤	3块
西瓜	斤	两块五
词典	本	56块
衣服	件	88块
茶叶	两	45块
地图册	本	40块
进口丝袜	双	25块
尼龙袜子	双	1块2
国产皮鞋	双	99块
布鞋	双	32块

（8）这袜子一双多少钱？

10块。

丝袜	双	18块
皮鞋	双	150块
苹果	斤	3块
西瓜	斤	两块五
词典	本	56块
衣服	件	88块
茶叶	两	45块
地图册	本	40块
进口丝袜	双	25块
尼龙袜子	双	1块2毛
国产皮鞋	双	99块
布鞋	双	32块

2. 把下列肯定句改成否定句

Change the following into negative sentences

(1) 大内去自由市场了。

(2) 彼得去阅览室了。

(3) 艾米做完练习了。

(4) 贝拉翻译完这篇文章了。

(5) 王欢上当了。

(6) 刘丽下班了。

(7) 山本正特别喜欢夏天。

(8) 金汉成愿意帮助王才。

(四) 按照下列情景，用本课句型谈话

Have a talk on the following topics, using the patterns in the text

1. 你在自由市场买水果，跟小贩砍价。

2. 买水果回来以后跟你的同学谈买东西的情况。

3. 谈你在中国买东西的经历。

4. 谈在你们国家买东西的经历。

(五) 阅读并填空

Read and fill in the blanks with the words given below

买 袜 子

这是一 (1) 星期六的下午。

王欢骑自行车回家。他看看时间 (2) 早, (3) 想顺便去自由市场逛逛。逛来逛去，最后他买了一 (4) 高级丝袜, (5) 花了7块5。他很高兴。他 (6) ，

第三课　我上当了

这袜子又便宜又好看，妻子见了(7)说我会买东西。能得到妻子的夸奖可不容易呢。

到了家，妻子拿出袜子一看，里边是一双(8)便宜的尼龙袜子。妻子说："你呀，以后(9)买东西了。那些卖东西的(10)宰（zǎi, to cheat）你这样的书呆子（shūdāizi, bookworm）！"

1. (1) A. 天　　　B. 个　　　C. 只　　　D. 口

   (2) A. 还　　　B. 也　　　C. 再　　　D. 都

   (3) A. 还　　　B. 也　　　C. 刚　　　D. 就

   (4) A. 个　　　B. 只　　　C. 双　　　D. 本

   (5) A. 才　　　B. 再　　　C. 又　　　D. 还

   (6) A. 说　　　B. 问　　　C. 听　　　D. 想

   (7) A. 一定　　B. 常常　　C. 一起　　D. 一共

   (8) A. 很　　　B. 最　　　C. 比较　　D. 不

   (9) A. 去　　　B. 要　　　C. 就　　　D. 别

   (10) A. 还　　B. 也　　　C. 就　　　D. 才

2. 朗读以上短文，然后回答问题

   Read the passage above, then answer the questions

   (1) 王欢什么时候在哪儿买了一双袜子？花了多少钱？

   (2) 他为什么要买袜子？

   (3) 王欢的妻子喜欢他买的袜子吗？为什么？

   (4) 王欢的妻子怎么说的？

（一）动态助词"了₂"（1）　The aspectual particle 了₂ (1)

动态助词"了"有两个：用于动词之后、宾语之前的"了"称为"了₁"，可用于宾语之后的称为"了₂"。动态助词"了₂"主要表示事态的变化，有时兼表肯定或提醒的语气。如：

There are two aspectual particles: the one used after the predicate and before the object is known as 了₁, and the other used after the object is known as 了₂. The aspectual particle 了₂ is used to denote the change of state. Sometimes it is used to express an affirmative or a warning tone, e.g.:

（1）你做练习了吗？

（2）他愿意帮助我了。

（3）走了！走了！

间接否定形式是在动词或形容词前边加上否定副词"没""不"或"别"。如：

The indirect negative form of the sentence with the aspectual particle 了₂ is constructed with the negative adverb 没, 不 or 别 placed before the verb or the adjective, e.g.:

（4）昨天,他没去商店。

（5）我还没做练习呢。

（6）他不愿意去了。

（7）你别去了。

（二）钱数表达法　The way to express the amount of money

中国的货币叫人民币。人民币有三个单位，口语用"块""毛""分"，书面语用"元""角""分"。如：

The Chinese currency is called Renminbi，which has three units. 块，毛 and 分 are used in spoken language，while 元，角 and 分 are used in written language，e.g.：

  0.05 元　　　五分（钱）
  0.10 元　　　一角［毛］（钱）
  0.25 元　　　两角［毛］五分（钱）
  1.00 元　　　一元［块］（钱）
  1.05 元　　　一元［块］零五分（钱）
  10.05 元　　 十元［块］零五分（钱）

（三）程度补语（1）　Complement of degree (1)

形容词述语后边补充说明状态变化程度的成分叫程度补语。这种补语可由"（一）点儿""（一）些""多"或"极"充当。如：

The composition after the aejectival predicative which functions as an addition to denote the degree of change of state is known as complement of degree. This complement can be composed of（一）点儿，（一）些，多 or 极，e.g.：

  (1) 他的身体好多了。
  (2) 公园里的花儿漂亮极了。

第四课　有什么别有病

 课文　Text

（一天下午，金汉成去医院看病）

大　夫：你怎么了？

金汉成：头疼，发烧。

大　夫：几天了？

金汉成：两天了，昨天早上开始的。

大　夫：试试表吧，量一下体温，五分钟以后给我。看看嗓子。

金汉成：啊——

大　夫：很红，嗓子发炎了。咳嗽吗？

金汉成：咳嗽得很厉害。

大　夫：吃饭怎么样？

金汉成：我什么东西都不想吃。

大　夫：大小便正常吗？

金汉成：正常。

大　夫：时间到了，给我体温表。38度2。化验一下血吧。

第四课　有什么别有病

（化验完回来）

金汉成：这是化验结果。

　　　　我的病不要紧吧？

大　夫：不要紧。你这是感冒。

　　　　吃点儿药，再打几针。

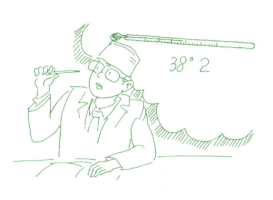

金汉成：您给开点儿中药吧。

大　夫：有中药，也有西药。这是药方。回去以后好好休息，

　　　　按时吃药，

　　　　多喝开水。

金汉成：谢谢！

（第二天贝拉来看望金汉成）

贝　拉：听说你病了，来看看你。

金汉成：谢谢。你一来，

　　　　我的病就好了一半儿。

贝　拉：是吗？我明天再来，

　　　　你就全好了？

金汉成：对了，你找着辅导老师了没有？

贝　拉：找着了。

金汉成：你也帮我找一位

　　　　辅导老师吧。

贝　拉：你的病还没好呢，

　　　　别这么着急。

金汉成：这真是人们常说的：有什么别有病。

贝　拉：还有一句呢：没什么别没钱。我现在就缺钱。

生词　New words

1. 量　　　（动）　　liáng　　　to measure
2. 啊　　　（象声）　ā　　　　　(an onomatope)
3. 发炎　　（动）　　fāyán　　　to become inflamed
4. 厉害　　（形）　　lìhai　　　serious, severe
5. 大便　　（动、名）dàbiàn　　 to shit, to defecate; stool
6. 小便　　（动、名）xiǎobiàn　 to pass water, to urinate; urine
7. 化验　　（动）　　huàyàn　　 to test
8. 血　　　（名）　　xiě　　　　blood
9. 结果　　（名）　　jiéguǒ　　 result
10. 要紧　 （形）　　yàojǐn　　 serious, important
11. 感冒　 （动、名）gǎnmào　　 to catch a cold
12. 药方　 （名）　　yàofāng　　prescription
13. 中药　 （名）　　zhōngyào　 Chinese medicine
14. 西药　 （名）　　xīyào　　　Western medicine
15. 按时　 （副）　　ànshí　　　on time, on schedule
16. 丸　　 （名、量）wán　　　　ball, pellet, (a measure word)
17. 丸药　 （名）　　wányào　　 pill of Chinese medicine
18. 药水儿（名）　　 yàoshuǐr　 liquid medicine

第四课 有什么别有病

19. 格	（名、量）	gé	division	
20. 瓶儿	（名、量）	píngr	bottle;a bottle of	
21. 片	（名、量）	piàn	pill,piece,(a measure word)	
22. 药片	（名）	yàopiàn	pill	
23. 血压	（名）	xuèyā	blood pressure	
24. 开水	（名）	kāishuǐ	boiled water	
25. 一…就…		yī…jiù…	as soon as	
26. 一半	（数）	yíbàn	(a) half	
27. 着	（动）	zháo	to indicate the accomplishment or result of an action,etc.	
28. 人们	（名）	rénmen	people	
29. 缺	（动）	quē	to lack,to be short of	
30. 夜里	（名）	yèli	at night	
31. 刮	（动）	guā	to blow	
32. 风	（名）	fēng	wind	
33. 中午	（名）	zhōngwǔ	noon	
34. 嗯	（叹）	ǹg	(an exclamation)	
35. 讲	（动）	jiǎng	to tell,to explain	
36. 旧	（形）	jiù	old,used	
37. 考	（动）	kǎo	to examine	
38. 考试		kǎo shì	to exam,to test;examination	
39. 电扇	（名）	diànshàn	electric fan	
40. 因为	（介、连）	yīnwèi	for,because	
41. 架	（量）	jià	(a measure word)	

42. 飞机	（名）	fēijī	airplane
43. 及格		jí gé	to pass a test
44. 用功	（形）	yònggōng	hardworking

▶ ～～～～～～～～～～～ 专名 **Proper nouns**

| 高 | | Gāo | a Chinese surname |

练习   **Exercises**

（一）语音   **Pronunciation**

1. 辨音辨调   Distinguish the sounds and tones

{ fāngyán   方言
{ fāyán   发言

{ dàbiàn   大便
{ dà piàn   大片

{ huǒyàn   火焰
{ huàyàn   化验

{ zhòngyào   重要
{ zhōngyào   中药

{ yàofāng   药方
{ yàofáng   药房

{ kāishuǐ   开水
{ kāishǐ   开始

{ guāfēn   瓜分
{ guā fēng   刮风

{ wányào   丸药
{ wánxiào   玩笑

{ kǎo shì   考试
{ kǒushì   口试

第四课　有什么别有病

2. 三音节声调　Tones of tri-syllables

duōfābìng	多发病	liúxíngbìng	流行病
xīnzàngbìng	心脏病	chuánrǎnbìng	传染病
jīngshénbìng	精神病	ruǎngǔbìng	软骨病
shénjīngbìng	神经病	fùnǚbìng	妇女病
chángjiànbìng	常见病	àizībìng	艾滋病
chángwèibìng	肠胃病	dìfāngbìng	地方病
xīnzàngbìng	心脏病	jíxìngbìng	急性病
báixuèbìng	白血病	mànxìngbìng	慢性病

3. 重音　Stress

我做完了。　　　　　我听见了。
练习做完了。　　　　我看见了。
作业写完了。　　　　我找着了。
我听懂了。　　　　　手表找着了。
课文看懂了。　　　　我记住了。
课文听懂了。　　　　生词记住了。
我说错了。　　　　　我听清楚了。
我记错了。　　　　　我看清楚了。

（二）词语　Words and phrases

1. 用下列生词至少组成两个短语
Make at least two phrases with each of the following words

（1）考试＿＿＿＿＿＿＿　（2）肚子＿＿＿＿＿＿＿
（3）厉害＿＿＿＿＿＿＿　（4）化验＿＿＿＿＿＿＿
（5）结果＿＿＿＿＿＿＿　（6）要紧＿＿＿＿＿＿＿
（7）药方＿＿＿＿＿＿＿　（8）按时＿＿＿＿＿＿＿

2. 读下列数字（先读出位数，然后直读数字） Read the following numbers

123,456　　286,475　　374,908　　485,006　　558,912
620,800　　700,080　　860,005　　901,040　　995,522

3. 从本课生词表中选择恰当的词语填空
   Fill in the blanks with the appropriate new words from this lesson

（1）我的嗓子_____了，疼得很_____。

（2）我得走了，我有_____的事儿。

（3）我_____了，今天_____开始头疼，咳嗽，发烧。

（4）我坐_____去广州。

（5）我不喝别的饮料，只喝_____。

（6）今天的练习我做了_____。

（7）这是你的药，有_____也有_____。

（8）大夫_____完了，这是_____结果。

（9）你找_____你的手表了吗？

（10）北京是一个_____水的城市。

（11）大夫，你给我_____一下体温吧。

（12）我昨天没来上课，_____我感冒了。

（13）我每天晚上复习_____课，预习新课。

（14）明天的_____你准备好了吗？

（15）你这么_____，考试怎么会不_____呢？

（16）以前我的_____有点儿高，今天您再给我量量吧。

4. 用"一…就…"改写句子　Rewrite the sentences with 一…就…

（1）我下了课去食堂。

（2）到了冬天我就感冒。

（3）到了北京我就去看朋友。

（4）复习完课文我做练习。

（5）你来了，她的病好了一半儿。

（6）到了中国就给我写信。

5. 判断词语的位置（每个句子下面都有一个指定词语，句中 ABCD 是供选择的不同位置，请判断这一词语放在句中哪个位置上恰当，在字母上画一横道）

Put the given word in the proper place of the sentence

（1）你们每天 A 都 B 要 C 来 D 上课。

　　　　　按时

（2）我 A 有 B 两年 C 没有 D 回国了。

　　　　　已经

（3）你 A 对 B 我们的帮助我 C 要 D 记住。

　　　　　永远

（4）昨天 A 我们 B 看的 C 电影 D 有意思。

　　　　　非常

（5）王欢 A 骑自行车 B 回家 C 去自由市场 D 逛逛。

　　　　　顺便

（6）A 这里 B 有 C 水果和蛋糕（dāngāo），D 吃点儿吧。

　　　　　随便

（7）小王 A 喜欢 B 买外国 C 进口的 D 东西。

　　　　　特别

（8）A 这 B 两个词 C 的意思 D 一样。

　　　　　完全

（三）句型　Sentence patterns

1. 替换　Substitution

   （1）A：你找着<u>辅导老师</u>了没有？
   　　 B：找着了。
   　　　　（还没找着呢。）

体育老师
马老师
赵林
彼得
手表
词典
自行车
录音机

   （2）A：你<u>做</u>完<u>作业</u>了吗？
   　　 B：<u>做</u>完了。
   　　　　（没<u>做</u>完呢。）

做	练习
看	那本小说
试	表
修	自行车
卖	那些袜子
打扫	房间
收拾	东西
翻译	这本书

（3）A：你看清楚了吗？
　　B：看清楚了。
　　　（没看清楚。）

听	清楚
写	清楚
说	对
回答	对
听	懂
看	懂
听	见
看	见
学	会
记	住

（4）A：什么时候开始的？
　　B：昨天早上。

昨天上午
昨天中午
昨天下午
昨天晚上
前天白天
前天夜里
今天早上
今天上午

（5）A：这些药怎么吃？

B：大药片饭前吃，每天三次，每次两片。

小药片	饭后	两	一片
白药片	饭前	四	三片
黄药片	饭后	一	一片
丸药	饭前	两	两丸

2. 连线

Link the sentences on the left column with those on the right which have the same meanings

刘老师不是北京人，	我说错了。
这篇文章有很多生词，	还没学会呢。
现在夜里11点半，	你看见了吗？
我刚开始学习滑冰，	我没看懂。
这个汉字很容易，	你的东西准备好了吗？
对不起，	今天的作业刚做完。
我的词典呢？	你怎么写错了？
明天去南方旅行，	他的话我没完全听懂。

3. 选择适当的词语完成对话

Choose the proper words to complete the dialogues

听　听见

（1）A：你去哪儿？

B：我去教室＿＿＿＿＿录音。

（2）A：＿＿＿＿＿，有人敲门。

B：我怎么没＿＿＿＿＿。

（3）A：有人喊你，你＿＿＿＿＿了没有？

B：我没＿＿＿＿＿。我出去看看吧。

（4）A：_____，外边刮风了，你_____了吗？

　　　B：我早就_____了。

（5）A：你喜欢_____故事吗？

　　　B：我特别喜欢_____故事。

> 看　看见

（1）A：你去哪儿？

　　　B：我去_____电影。

（2）A：山本和大内呢？你_____了吗？

　　　B：我没_____他们。

（3）A：高老师呢？

　　　B：我_____他去办公室了。

（4）A：_____，天上有一架飞机。

　　　B：在哪儿，我怎么没_____？

　　　A：你_____那儿！

　　　B：啊，我_____了。

（5）A：你常_____足球比赛吗？

　　　B：不常_____。

（四）按照下列情景，用本课句型谈话

Have a talk on the following topics，using the patterns in the text

1. 你感冒了，去医院看病，你的同学是大夫。

2. 你是大夫，你的同学牙疼，你给他看病。

3. 想两个用汉语不会说的病的名字问老师，然后跟同学谈话。

4. 你跟你的同学谈话，中间用"对了"转变话题。

（五）阅读并填空
Read and fill in the blanks with the words given below

有中药也有西药

昨天天气特别（1），金汉成（2）里的电扇开了一夜。今天早上他就头疼，咳嗽。上午，他去医院看病大夫说："这是感冒。不用（3），吃点儿药就会好的。"

大夫给金汉成（4）了一些药。有中药也有西药。大夫说："回去以后你（5）吃药。这种药片一天三次，每次两片；那种丸药，一天两次，每次一丸。还要多（6）开水。晚上电扇开的时间不能太（7）。"

因为生病，金汉成（8）了一天课。晚上，贝拉来宿舍（9）金汉成。金汉成问贝拉："今天老师讲（10）了？"贝拉说今天没讲新课，（11）复习旧课了。金汉成很高兴。贝拉说："你（12）高兴，后天有考试。"金汉成（13）贝拉说："糟糕，我复习不完了。人们常说'有什么别有病，没什么别没钱'。这话真（14）呀！"

1. （1）A. 冷　　　　B. 热　　　　C. 凉快　　　D. 暖和
　（2）A. 家　　　　B. 教室　　　C. 桌子　　　D. 房间
　（3）A. 吃药　　　B. 吃饭　　　C. 打针　　　D. 睡觉
　（4）A. 吃　　　　B. 喝　　　　C. 开　　　　D. 买
　（5）A. 按时　　　B. 常常　　　C. 每天　　　D. 中午
　（6）A. 吃　　　　B. 喝　　　　C. 要　　　　D. 买
　（7）A. 长　　　　B. 快　　　　C. 慢　　　　D 少
　（8）A. 学习　　　B. 休息　　　C. 耽误　　　D. 开始
　（9）A. 看看　　　B. 看望　　　C. 看见　　　D. 看着
　（10）A. 什么　　　B. 怎么　　　C. 为什么　　D. 怎么样

(11) A. 已经	B. 正在	C. 才	D. 只
(12) A. 不	B. 没	C. 别	D. 没有
(13) A. 对	B. 给	C. 在	D. 从
(14) A. 好	B. 好听	C. 漂亮	D. 对

2. 朗读以上短文，然后回答问题

   Read the passage above, then answer the questions

   (1) 金汉成感冒的原因是什么？

   (2) 大夫给金汉成开了几种药？什么药？怎么吃？

   (3) "有什么别有病"是什么意思？

   (4) 金汉成为什么说"有什么别有病，没什么别没钱"？

语法　Grammar

（一）结果补语（1）　Complement of result (1)

动词述语后边补充说明动作行为结果的成分叫结果补语。结果补语有多种，有一种表示动作行为完成或终结。如：

The composition after the verbal predicative which functions as an addition to denote the result of an action is known as complement of result. There are several kinds of complement of result, one of which indicates completion, e.g.:

述语	终结性结果补语	宾语
找	着	辅导老师
做	完	作业
记	住	这些生词

(二) 动态助词"了₂" (2)　　The aspectual particle 了₂ (2)

动态助词"了₂"可表示动作过程发展阶段的状态变化。如：

The aspectual particle 了₂ can indicate the change of state in the process of an action, e.g.:

(1) 今天的作业我做一半儿了。

(2) 这本书我看到第45页了。

第五课
你的信超重了

 课文　Text

（艾米去邮局寄书）

艾　米：你好，先生。我想往美国寄点儿东西。
营业员：寄什么？
艾　米：一些书。
营业员：请打开看看。（艾米打开包装）啊，这些都是中国文化方面的好书。
　　　　（艾米包装）这样包装不行。

艾　米：麻烦您帮我重新包一下。
营业员：看来你朋友很喜欢中国文化。
艾　米：不，这些书是寄给我爸爸的。
营业员：对不起。你父亲汉语水平一定很高吧？
艾　米：是的，他是个中国通。
营业员：你的汉语说得也不错。

艾　米：哪里，哪里，还差得远呢。

营业员：小姐，这些书是空运还是海运？

艾　米：空运。

营业员：要挂号吗？

艾　米：要。

营业员：邮费是124块8毛5。这是收据。

艾　米：我还寄一封信。

营业员：请贴两块八毛钱的邮票。

艾　米：好。

营业员：小姐，你的信超重了，应该再贴9毛钱的邮票。

艾　米：再贴邮票，不是更重了吗？

生词 New words

1. 超重	（动）	chāozhòng	to overload, to overweight
2. 邮局	（名）	yóujú	post office
3. 往	（介）	wǎng	to, toward
4. 打开		dǎkāi	to open
5. 啊	（叹）	à	(an exclamation)
6. 包装	（动、名）	bāozhuāng	to pack, package

第五课　你的信超重了

7. 麻烦	（动、形、名）	máfan	to trouble, to bother; inconvenient; trouble
8. 重新	（副）	chóngxīn	again
9. 包	（动）	bāo	to pack
10. 水平	（名）	shuǐpíng	level
11. …通		…tōng	expert
12. 哪里	（代）	nǎli	it's nothing, where
13. 运	（动）	yùn	to transport, to send
14. 空运	（动）	kōngyùn	air transport, air freight
15. 海	（名）	hǎi	sea
16. 海运	（动）	hǎiyùn	sea transportation
17. 挂号		guà hào	to register
18. 费	（名）	fèi	fee, expenses, charge
19. 邮费	（名）	yóufèi	postage
20. 收据	（名）	shōujù	receipt
21. 贴	（动）	tiē	to stick, to paste
22. 邮票	（名）	yóupiào	post stamp
23. 应该	（能动）	yīnggāi	should, ought to
24. 重	（形、名）	zhòng	heavy, weight
25. 页	（量）	yè	page
26. 包裹	（动、名）	bāoguǒ	parcel, package
27. 专门	（副、形）	zhuānmén	specially; special
28. 纪念	（动、名）	jìniàn	to commemorate; anniversary
29. 部分	（名）	bùfen	part, section, portion

30. 中餐	(名)	zhōngcān	Chinese food
31. 西餐	(名)	xīcān	Western food
32. 馒头	(名)	mántou	steamed bread
33. 米饭	(名)	mǐfàn	rice
34. 北方	(名)	běifāng	north
35. 套	(量)	tào	a set of
36. 文学	(名)	wénxué	literature
37. 杂志	(名)	zázhì	magazine
38. 握	(动)	wò	to grasp, to hold
39. 一生	(名)	yìshēng	whole life, all one's life
40. 集邮		jí yóu	to collect stamps
41. 只要…就…		zhǐyào…jiù…	as long as
42. 报	(名)	bào	newspaper
43. 画报	(名)	huàbào	pictorial
44. 航空	(动、名)	hángkōng	aviation; by air

练习 Exercises

(一) 语音 Pronunciation

1. 辨音辨调 Distinguish the sounds and tones

{ yóufèi   邮费
{ yōuhuì   优惠

{ shōujù   收据
{ shūji   书记

{ yīnggāi 应该
{ yǐnkāi   引开

第五课　你的信超重了

{bāokuò	包括	{zhuānrén	专人	{jiàoliàn	教练
bāoguǒ	包裹	zhuānmén	专门	jìniàn	纪念

{běifāng	北方	{zázhì	杂志	{yīshēng	医生
běifēng	北风	zájì	杂技	yìshēng	一生

2. 三音节声调　Tones of tri-syllables

chūchāifèi	出差费	péichángfèi	赔偿费
xiūlǐfèi	修理费	shǒuxùfèi	手续费
zhāodàifèi	招待费	méiqìfèi	煤气费
yīyàofèi	医药费	jiǎngkèfèi	讲课费

shuǐdiànfèi	水电费	huǒshífèi	伙食费
bǎojiànfèi	保健费	zhùsùfèi	住宿费
bǎoguǎnfèi	保管费	guàhàofèi	挂号费
bǎoxiǎnfèi	保险费	zhùyuànfèi	住院费

3. 重音　Stress

你找着手表了没有？

你找着辅导老师了没有？

你做完作业了吗？

你复习完课文了吗？

这个句子你看懂了吗？

这课录音你听懂了吗？

（二）词语　Words and phrases

1. 用下列生词至少组成两个短语
   Make at least two phrases with each of the following words

　　（1）杂志_____ _____　　（2）打开_____ _____

（3）麻烦＿＿＿＿　＿＿＿＿　　（4）重新＿＿＿＿　＿＿＿＿

（5）专门＿＿＿＿　＿＿＿＿　　（6）水平＿＿＿＿　＿＿＿＿

（7）应该＿＿＿＿　＿＿＿＿　　（8）邮局＿＿＿＿　＿＿＿＿

2. 读下列数字（先读出位数，然后直读数字）　Read the following numbers

1,234,567　　2,958,326　　3,366,754　　4,782,615

5,203,966　　6,007,008　　7,030,520　　6,660,880

8,900,435　　8,347,000　　9,435,349　　9,999,901

3. 从本课生词表中选择恰当的词语填空

Fill in the blanks with the appropriate new words from this lesson

(1) 请你们＿＿＿＿书，看第76＿＿＿＿。

(2) 我要＿＿＿＿上海寄一件＿＿＿＿。

(3) 山本正的父亲＿＿＿＿研究中国的历史和文化，是个中国＿＿＿＿。

(4) 白老师的英语＿＿＿＿很高。

(5) 这些＿＿＿＿真漂亮，我买4套。

(6) 学校里边有一个＿＿＿＿，我常常去那儿寄信。

(7) 这封信＿＿＿＿了，＿＿＿＿再贴5毛钱的邮票。

(8) ＿＿＿＿邮费便宜，可是太慢了，还是＿＿＿＿吧。

(9) ＿＿＿＿你，帮我收拾一下房间。

(10) 这个房间打扫得不干净，得＿＿＿＿打扫一下。

(11) 晚饭以后，我一边看＿＿＿＿，一边听音。

(12) 他＿＿＿＿着我的手说："欢迎，欢迎！"

(13) 我＿＿＿＿最大的兴趣是看足球比赛。

(14) 小张是＿＿＿＿人，他爱人是南方人。

(15) 我们班一部分人喜欢吃＿＿＿＿，一部分人喜欢吃＿＿＿＿。

4. 判断词语的位置　Put the given words in the proper places

(1) A 这些 B 东西 C 哪儿 D 寄？

往

(2) 往意大利寄一封航空 A 挂号信 B 要 C 多少钱 D 邮票？

贴

(3) 我们 A 努力 B 学习，C 互相 D 帮助。

应该

(4) 昨天 A 我去书店买了 B 历史和文化 C 方面的 D 书。

一些

(5) 我 A 这次 B 来北京 C 学习 D 汉语。

专门

(6) 这些 A 东西 B 包装得 C 不好，应该 D 包装一下。

重新

（三）模仿造句　Imitate and make up sentences

例：这些书空运还是海运？

你寄包裹还是挂号信？

(1) 中餐、西餐

(2) 馒头、米饭

(3) 北方、南方

(4) 一套纪念邮票、两套

(5) 杂志、画报

(6) 中文报、英文报

(7) 挂号信、航空挂号信

(8) 去图书馆、回宿舍

（四）按照下列情景，用本课句型谈话
Have a talk on the following topics, using the patterns in the text

1. 你在邮局买邮票。
2. 你在邮局寄信。
3. 你在邮局寄包裹。

（五）阅读 Reading

你真是我们的好女儿

来中国前一个晚上，妈妈握着艾米的手，说："艾米，你要常给我们打电话，每半个月写一封信。你这是第一次去中国，我真不放心。"

"放心吧，妈妈，我会常写信的。我要在每封信上都贴上中国最漂亮的纪念邮票。"

"还是女儿最了解妈妈。我一生最大的兴趣就是集邮。"

爸爸笑着说："艾米，你知道爸爸最喜欢什么？"

"喜欢书，只要看见中国历史、文学方面的书，我一定给您寄来。"

"谢谢。你真是我们的好女儿。"

1. 选择正确答案 Multiple following choice

  （1）艾米的妈妈最喜欢什么？
    A. 打电话   B. 写信   C. 集邮   D. 书
  （2）艾米的爸爸最喜欢什么？
    A. 打电话   B. 写信   C. 吸烟   D. 书

2. 朗读短文　Read the text aloud

（六）功能会话：听后模仿
Functional conversation：listen then imitate

1. 一般性问候　Common greetings

（1）A：你好！

　　　B：你好！

　　　A：最近忙吗？

　　　B：不太忙。

（2）A：好久不见了，最近身体怎么样？

　　　B：很好。你呢？

　　　A：还行。

　　　B：学习紧张吗？

　　　A：很紧张。

（3）A：你身体怎么样？

　　　B：我身体很好，谢谢。

（4）A：你母亲身体怎么样？

　　　B：很好，谢谢。

（5）A：来中国以后，你生活习惯吗？

　　　B：还行。我很喜欢这个城市，不过，还是有点儿不习惯。

（6）A：来中国以后，你对这儿的生活习惯吗？

　　　B：习惯。我很喜欢这儿的人，也喜欢这儿的天气。

2. 询问日期　Asking about the date

（1）A：今天几号？

　　　B：今天8月6号。

（2）A：今天星期几？

　　　B：今天星期五。

（3）A：现在是几月？

　　B：现在是8月。

3. 询问动作者　Asking about the doer of action

（1）A：谁教你们汉语？

　　B：王老师教我们汉语。

（2）A：谁辅导你英语？

　　B：艾米辅导我英语。

4. 询问原因或目的　Ask about the reason or the purpose

（1）A：你为什么学习汉语？

　　B：我想去公司当翻译。

（2）A：你为什么不常给他写信？

　　B：我最近太忙了。

（3）A：你喜欢当教师，能说说原因吗？

　　B：教师是最神圣的职业。

（4）A：金汉成，你怎么一个人在这儿散步？

　　B：我身体有点儿不舒服。

（5）A：你脸色怎么不太好？

　　B：这几天学习太紧张，没休息好。

5. 请求／接受或拒绝　Requests / acceptance or refusal

（1）A：我想请您辅导我汉语。

　　B：行。

（2）A：你帮我找一位辅导老师吧。

　　B：行，我现在就去。

（3）A：您给开点儿中药吧。

　　B：行，有中药也有西药。

（4）A：您给我介绍一位老师，可以吗？

　　　B：可以。

（5）A：你帮我修修自行车，行不行？

　　　B：没问题。

（6）A：我想请你帮助我练习发音。

　　　B：对不起，我最近很忙。

（7）A：我想请你帮我预订一个房间。

　　　B：对不起，我现在没空儿。

6. 称赞　Compliments

（1）A：大内小姐真聪明！

　　　B：出这个主意的人更聪明！

（2）A：这姑娘真年轻！

　　　B：是啊，又年轻又漂亮。

（3）A：这种花真好看！

　　　B：那种花更好看！

（4）A：彼得进步很快！

　　　B：艾米进步更快！

（5）A：房间打扫得真干净！

　　　B：东西也收拾得很整齐。

7. 喜欢　Likes

（1）A：这是我们几个送你的花儿。

　　　B：这花儿真漂亮！我很喜欢。

（2）A：这是我送你的画儿。

　　　B：这画儿真好看！我非常喜欢。

（3）A：这是方云天送你的词典。

　　　B：这词典太有用了！

句子的语用类型　Pragmatical types of sentences

从功能语气上看，句子的语用类型有四种：

According to the function and mood, there are four pragmatical types of sentences:

1. 陈述句，叙述一件事情。如：

Declarative sentence, used to describe an event, e.g.:

（1）他很高兴。

（2）我知道了。

2. 疑问句，提出一个问题。如：

Interrogative sentence, used to raise a question, e.g.:

（1）你去哪儿？

（2）你怎么病了？

3. 祈使句，要求别人做或不做某件事情，或者表示自己决心做或不做某件事情。如：

Imperative sentence, used to ask sb. to do or not to do sth., or used to show one's determination to do or not to do sth., e.g.:

（1）你走！

（2）我一定去！

4. 感叹句，抒发自己的感情。如：

Exclamatory sentence, used to express one's feelings, e.g.:

（1）太好了！

（2）真糟糕！

第六课
他喜欢东方文化

 课文　Text

艾米的爸爸怀特先生是位汉学家。他现在在美国一所大学教汉语。

怀特先生喜欢东方文化，对中国历史、文学都很有研究。

怀特先生的最大爱好是读书。他读书很专心，经常忘记吃饭、睡觉。艾米的妈妈开玩笑说："你那么喜欢书，应该跟书结婚。"怀特先生笑笑，说："不，玛丽，你才是我亲爱的妻子，书只是我的情人。"

今天，怀特先生收到了艾米寄来的书，高兴得多喝了三杯酒！

* * * * * *

怀 特：亲爱的玛丽，快来看，女儿寄的东西取来了。

玛 丽：取来了？啊！我好像看见了我们的女儿。

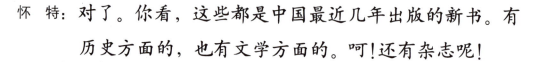

怀 特：你猜，女儿寄来了什么东西？

玛 丽：一定是书。

怀 特：对了。你看，这些都是中国最近几年出版的新书。有历史方面的，也有文学方面的。呵！还有杂志呢！

玛 丽：什么杂志？

怀 特：《中国文化研究》。我太高兴了！

玛 丽：看见你高兴，我也高兴。

怀 特：谢谢你，玛丽，使我更高兴的是……

玛 丽：是什么？

怀 特：我们的女儿办事特别周到，跟她妈妈一样。

玛 丽：谢谢你的夸奖。我建议，今天晚上去中国餐厅吃晚饭，庆祝一下儿。

怀 特：庆祝什么？

玛 丽：你又有了新的情人！

第六课 他喜欢东方文化

生词 New words

1. 东方	（名）	dōngfāng	east, the East, the Orient
西方	（名）	xīfāng	west, the West
2. …家		…jiā	expert
3. 所	（量）	suǒ	(a measure word)
4. 爱好	（动、名）	àihào	to like, to be fond of; interest, hobby
5. 专心	（形）	zhuānxīn	be absorbed
6. 经常	（副、形）	jīngcháng	often, frequently
7. 忘记	（动）	wàngjì	to forget
忘	（动）	wàng	to forget
8. 玩笑	（名）	wánxiào	joke, fun
9. 开玩笑		kāi wánxiào	to joke, to kid, to make fun of
10. 结婚		jié hūn	to marry, to get married
11. 亲爱	（形）	qīn'ài	dear
12. 情人	（名）	qíngrén	lover
13. 收	（动）	shōu	to receive
14. 杯	（量）	bēi	a cup of, a glass of
15. 酒	（名）	jiǔ	wine, liquor, alcoholic drink
16. 取	（动）	qǔ	to get, to take
17. 好像	（动、副）	hǎoxiàng	to look as if, to seem, like
像	（动、副）	xiàng	to seem, to appear
18. 出版	（动）	chūbǎn	to publish

75

19. 使	（动）	shǐ	to make, to cause, to tell sb. to do sth.	
20. 周到	（形）	zhōudào	thoughtful, considerate	
21. 建议	（动、名）	jiànyì	to suggest; suggestion	
22. 餐厅	（名）	cāntīng	dining hall	
厅	（名）	tīng	hall	
23. 庆祝	（动）	qìngzhù	to celebrate	
24. 同意	（动）	tóngyì	to agree, to approve	
25. 毛衣	（名）	máoyī	woolen sweater	
26. 机票	（名）	jīpiào	air ticket	
27. 贺年片	（名）	hèniánpiàn	New Year card	
28. 丈夫	（名）	zhàngfu	husband	
29. 照片	（名）	zhàopiàn	photograph	
30. 瓶儿	（名、量）	píngr	bottle; a bottle of	
31. 点心	（名）	diǎnxin	light refreshments	
32. 辆	（量）	liàng	(a measure word for vehicles)	
33. 借	（动）	jiè	to borrow	
34. 面包	（名）	miànbāo	bread	
35. 啤酒	（名）	píjiǔ	beer	
36. 举办	（动）	jǔbàn	to hold, to conduct	
37. 先	（名、副）	xiān	in advance, first, firstly	
38. 古老	（形）	gǔlǎo	age-old, ancient	
39. 值得	（动）	zhíde	to deserve, to be worth	

第六课　他喜欢东方文化

▶ 专名　**Proper nouns**

1. 汉学　　　　　　Hànxué　　　　　　　Sinology
2. 怀特　　　　　　Huáitè　　　　　　　White
3. 玛丽　　　　　　Mǎlì　　　　　　　　Mary
4. 中国文化研究　　Zhōngguó Wénhuà Yánjiū　Chinese Culture Study
5. 茅台　　　　　　Máotái　　　　　　　the name of a famous white spirits
6. 香山　　　　　　Xiāng Shān　　　　　Fragrant Hill

练习　**Exercises**

（一）语音　Pronunciation

1. 辨音辨调　Distinguish the sounds and tones

zhuānxīn	专心	jīngcháng	经常	xíngrén	行人
zhōngxīn	中心	jīngchéng	京城	qíngrén	情人

| hǎoxiàng | 好像 | jiànyì | 建议 | tǒngyī | 统一 |
| biǎoxiàn | 表现 | qiànyì | 歉意 | tóngyì | 同意 |

| màoyì | 贸易 | zhīpiào | 支票 | qǐpàn | 企盼 |
| máoyī | 毛衣 | jīpiào | 机票 | jǔbàn | 举办 |

77

2. 三音节声调　Tones of tri-syllables

kēxuéjiā	科学家	wénxuéjiā	文学家
gāngqínjiā	钢琴家	zhéxuéjiā	哲学家
shūfǎjiā	书法家	nóngxuéjiā	农学家
sīxiǎngjiā	思想家	yínhángjiā	银行家
fǎxuéjiā	法学家	Hànxuéjiā	汉学家
lǐxuéjiā	理学家	shùxuéjiā	数学家
shǐxuéjiā	史学家	yìshùjiā	艺术家
měishíjiā	美食家	jiàoyùjiā	教育家

3. 重音　Stress

（1）他读书很专心。

　　我们的女儿办事特别周到。

　　他来教室很早。

　　我骑车很慢。

（2）妈妈给我寄来了一封信。

　　艾米给爸爸寄去了一个包裹。

（二）词语　Words and phrases

1. 用下列生词至少组成两个短语
   Make at least two phrases with each of the following words

   （1）东方＿＿＿＿　＿＿＿＿　　（2）爱好＿＿＿＿　＿＿＿＿

   （3）经常＿＿＿＿　＿＿＿＿　　（4）结婚＿＿＿＿　＿＿＿＿

   （5）周到＿＿＿＿　＿＿＿＿　　（6）庆祝＿＿＿＿　＿＿＿＿

   （7）建议＿＿＿＿　＿＿＿＿　　（8）同意＿＿＿＿　＿＿＿＿

第六课　他喜欢东方文化

2. 读下列数字（先读出位数，然后直读数字）　Read the following numbers

12,345,678	26,348,517	33,682,944	47,937,256
54,007,823	65,039,270	60,003,400	70,000,880
80,479,500	85,080,026	95,583,174	99,998,888

3. 从本课生词表中选择恰当的词语填空
   Fill in the blanks with the appropriate new words from this lesson

   （1）妈妈寄来一个包裹，我去邮局_____包裹。

   （2）你_____到山本正寄来的信没有？

   （3）你喝什么酒？_____还是_____？

   （4）那个电影非常有意思，很_____看。

   （5）这本词典是新_____的。

   （6）12月31日学校_____一个晚会_____新年。

   （7）彼得的_____是看电影，他每个星期最少看两次。

   （8）我们永远不会_____在北京的生活。

   （9）艾米的爸爸专门研究中国的历史和文化，是个_____家。

   （10）我_____这个星期天咱们去香山。你们_____吗？

4. 判断词语的位置　Put the given words in the proper places

   （1）我买A词典B以后去C买D水果。
   　　　　　　　　　　了

   （2）小王在A自由市场B买C很多水果D。
   　　　　　　　　　　了

   （3）贝拉的朋友从上海给A她寄B来C一封挂号信D。
   　　　　　　　　　　了

   （4）姐姐寄A的包裹B我取C来D。
   　　　　　　　　　了

   （5）这个月她给A她爸爸B写C三封信D。
   　　　　　　　　　了

（6）星期日 A 我们吃 B 午饭 C 就去 D 公园。
　　　　　　　　　　　　了

（7）昨天同学们看 A 完 B 足球比赛 C 就回 D 学校了。
　　　　　　　　　　　　了

（8）明天我们看完 A 足球比赛 B 就去 C 方老师家 D。
　　　　　　　　　　　　了

（9）大内生日那天 A 方云天给 B 她 C 一本《汉日词典》D。
　　　　　　　　　　　　了

（10）我想 A 下 B 课就去 C 图书馆 D。
　　　　　　　　　　　　了

（11）昨天 A 我们班 B 举办 C 一个晚会，庆祝 D 大内的生日。
　　　　　　　　　　　　了

（12）昨天我先 A 做 B 作业，又去 C 商店买 D 一些水果。
　　　　　　　　　　　　了

（三）句型　Sentence patterns

1. 替换　Substitution

（1）A：女儿寄来了什么？
　　　B：女儿寄来了一些书。

爸爸	两千美元
妈妈	一件毛衣
哥哥	一张机票
弟弟	两本小说
姐姐	三本杂志
妹妹	一张贺年片
丈夫	一些中药
妻子	两套纪念邮票

（2）A：你给她寄去了什么？

　　B：我给她寄去了一封信。

寄	一个包裹
寄	一些照片
带	一本词典
带	一块手表
拿	一瓶中药
拿	一张报
送	一支花儿
送	一些点心

（3）他又有了新的情人。

借	一本新杂志
买	一辆新自行车
交	一个新朋友
照	一张大照片
画	一张山水画儿
写	一篇新文章
得	感冒
量	体温

（4）A：你买了几个本子？

　　B：我买了三个本子。

买	杂志（本）	五
买	钢笔（支）	两
吃	米饭（两）	二
吃	馒头（个）	两
吃	面包（个）	三
喝	啤酒（瓶）	一
喝	茅台（杯）	三
上	课（节）	四

2. 改写句子，把下列句中的"明天"换成"昨天"
   Change "明天" in the following sentences into "昨天"

   例：我明天去香山。→ 我昨天去香山了。

   (1) 新画报明天出版。

   (2) 我们班的同学明天都去看方老师。

   (3) 明天彼得不去赵林家。

   (4) 我明天去书店买一本《汉英词典》。

   (5) 艾米明天去邮局取一件包裹。

   (6) 明天我和方云天去自由市场买水果。

   (7) 明天我不去图书馆借书。

   (8) 山本正明天参加一场足球比赛。

   (9) 明天我们为大内举办一个生日晚会。

   (10) 我明天在宿舍翻译一篇文章。

(四) 按照下列情景，用本课句型谈话

Have a talk on the following topics, using the patterns in the text

1. 你收到妈妈寄来的信或者包裹以后跟同学谈话。

2. 你收到朋友寄来的生日礼物以后跟同学谈话。

3. 你跟同学商量为某人举办一个晚会。

(五) 阅读 Reading

收到了艾米寄来的书

怀特先生是个书迷。他喜欢买书，更喜欢读书。他对中国历史、文学方面的书和杂志特别感兴趣。他经常对艾米说："中国是个古老的国家，有

5000年的历史。中国文化值得我们好好研究。不了解这个国家的文化，很难学好这个国家的语言。你要想学好汉语，就要了解中国的文化。"

今天，怀特先生收到了艾米寄来的书，他高兴极了，想庆祝一下，就跟妻子到一个中国饭馆吃晚饭。他平时（píngshí）晚饭只喝一杯酒，可是今天他喝了4杯茅台。他一边喝一边说："谢谢你，亲爱的玛丽，你为我生了一个好女儿。"

1. 回答问题　Answer the following questions

（1）为什么说怀特先生是个书迷？

（2）他经常对艾米说什么？

（3）今天他为什么非常高兴？

（4）今天他们为什么去中国饭馆吃饭？

（5）怀特为什么要谢谢玛丽？

2. 朗读短文　Read the text aloud

语法　Grammar

（一）趋向补语（1）　Complement of direction (1)

动词述语后边补充说明动作行为趋向的成分叫趋向补语。趋向补语可由趋向动词"来/去"充当。"来"表示动作行为趋向说话人或所述对象的所在位置，"去"表示动作行为背离说话人或所述对象的所在位置。如：

The composition after the verbal predicative which functions as an addition to denote the direction of the action is known as complement of direction. The directional verb 来 or 去 can function as a complement of direction. 来 indicates that the action tends towards the speaker or the object talked about while 去 indicates that the action tends away from the speaker or the object talked about, e.g.:

(1) 我给他寄去了一封信。

(2) 他只寄了一封信来。

(二) 动态助词"了₁"(1)　The aspectual particle 了₁ (1)

动态助词"了₁"可表示动作的实现。如：

The aspectual particle 了₁ can indicate completion of an action, eg:

(1) 昨天，他买了一双丝袜。

(2) 吃了晚饭，我们一起散步，好吗？

第七课
我也想多练习口语

（一）

（下课之前，白老师征求学生对教学的意见）

白　华：现在还有一点儿时间，同学们对我的课有什么要求和建议请提一提。哪位先说？

彼　得：老师，我先说。

白　华：请。

彼　得：老师讲语法讲得比较快，请再慢一点儿。

大　内：我觉得老师讲得一点儿也不快。我希望老师讲得再少一点儿，给我们更多的机会练习说。

山　本：对，我也想多练习口语，在课上多听、多说。

白　华：这些意见很好。谁还说？

贝　拉：老师，我查词典查得很慢，能不能加强这方面的训练？

白　华：可以。

艾　米：我有个意见，就是……

白　华：有话就说，别不好意思。

艾　米：您教课很认真，只是，您经常说："你们要注意身体！""天气太冷，你们要多穿衣服。"我们已经不是小孩子了。

大　内：这是老师对我们的关心。

山　本：老师有时候对我们太客气了。我们是您的学生，希望您严格要求我们。

金汉成：对！谁上课来晚了，就别让他进教室。

贝　拉：今天早上你就来晚了，怎么也进来了？

（二）

教室里搬来了几把椅子。

艾米问白老师："老师，咱们班是不是要来新同学？"白老

第七课 我也想多练习口语

师笑着说:"不是,有几位老师要来我们班听课。"

"听课?"大内说,"教室里坐着一些不认识的老师,我会紧张的。"

白老师说:"大家不要紧张,希望你们还跟以前一样,积极举手回答问题。"

"要是您问我,我不会,多不好意思!"贝拉说。

"那好办。"金汉成说,"会的举右手,不会的举左手。"

生词 New words

1. 们	(尾)	men	(used after a personal pronoun or a noun referring to a person to form a plural)
2. 要求	(动、名)	yāoqiú	to require; requirment
3. 提	(动)	tí	to put forward, to bring up
4. 希望	(动、名)	xīwàng	to hope, to wish; hope
5. 机会	(名)	jīhuì	chance, opportunity
6. 意见	(名)	yìjian	idea, opinion, objection
7. 查	(动)	chá	to check, to investigate, to consult
8. 加强	(动)	jiāqiáng	to strengthen, to reinforce

9. 训练	（动）	xùnliàn	to train
10. 不好意思		bù hǎoyìsi	to feel embarrassed, shy
11. 认真	（形）	rènzhēn	serious
12. 只是	（连）	zhǐshì	but, except that
13. 关心	（动）	guānxīn	to be concerned with, to show concern for
14. 有时候		yǒu shíhou	sometimes
15. 严格	（形）	yángé	strict
16. 晚	（形）	wǎn	late
17. 搬	（动）	bān	to move, to carry
18. 把	（量）	bǎ	(a measure word)
19. 椅子	（名）	yǐzi	chair
20. 要	（副）	yào	will, be going to
21. 积极	（形）	jījí	positive, active, vigorous
22. 举	（动）	jǔ	to lift, to hold up, to raise
23. 桥	（名）	qiáo	bridge
24. 屋(子)	（名）	wū(zi)	room
25. 男孩儿	（名）	nánháir	boy
26. 女孩儿	（名）	nǚháir	girl
27. 讲台	（名）	jiǎngtái	platform
28. 书柜	（名）	shūguì	bookcase
29. 衣柜	（名）	yīguì	wardrobe
30. 写字台	（名）	xiězìtái	desk
31. 沙发	（名）	shāfā	sofa, settee
32. 大家	（代）	dàjiā	all, everybody

第七课 我也想多练习口语

33. 穿	（动）	chuān		to wear, to put on
34. 怕	（动）	pà		to fear, to be afraid
35. 发言		fā yán		to speak, to make a speech
36. 发言	（名）	fāyán		speech, statement
37. 改进	（动）	gǎijìn		to improve, to make better
38. 迟到	（动）	chídào		to be late for
39. 向	（介）	xiàng		for, from
40. 请假		qǐng jià		to ask for leave
41. 完成	（动）	wánchéng		to accomplish, to complete, to fulfil
42. 取得	（动）	qǔdé		to gain, to obtain, to achieve

▶ ～～～～～～～～～～～～～～～ 专名 **Proper nouns**

1. 北海　　　　Běihǎi　　　　name of a park
2. 颐和园　　　Yíhéyuán　　　Summer Palace

 练习　Exercises

（一）语音　Pronunciation

1. 辨音辨调　Distinguish the sounds and tones

{ xīwàng 希望　　{ jīhuì 机会　　{ jiāqiáng 加强
{ qīwàng 期望　　{ jíhuì 集会　　{ jiàqian 价钱

89

huānxīn 欢心 guānxīn 关心	jíqí 极其 jījí 积极	shāfā 沙发 shōufā 收发
dàjiā 大家 dǎ jià 打架	gǎijìn 改进 gǎnjǐn 赶紧	chídào 迟到 chìdào 赤道

2. 三音节声调　Tones of tri-syllables

móshùshī	魔术师	kuàijìshī	会计师
nóngyìshī	农艺师	shèjìshī	设计师
yuányìshī	园艺师	yàojìshī	药剂师
mázuìshī	麻醉师	jiànzhùshī	建筑师
gōngchéngshī	工程师	tīnglìkè	听力课
jīxièshī	机械师	kǒuyǔkè	口语课
lǐfàshī	理发师	yǔfǎkè	语法课
shèyǐngshī	摄影师	yuèdúkè	阅读课

3. 语调　Sentence intonation

太好了!

太漂亮了!

太高兴了!

太有意思了!

多漂亮!

多有意思!

多清楚!

多不好意思!

（二）词语　Words and phrases

1. 用下列生词至少组成两个短语

Make at least two phrases with each of the following words

（1）要求＿＿＿＿　＿＿＿＿　　　（2）希望＿＿＿＿　＿＿＿＿

第七课　我也想多练习口语

（3）加强_____　_____　　　（4）关心_____　_____

（5）认真_____　_____　　　（6）严格_____　_____

（7）积极_____　_____　　　（8）机会_____　_____

2. 读下列数字（先读出位数，然后直读数字）　Read the following numbers

123,456,789　　　236,587,241　　　358,094,726
480,057,600　　　532,790,080　　　658,730,000
724,358,644　　　889,316,648　　　999,998,888

3. 从本课生词表中选择恰当的词语填空
　　Fill in the blanks with the appropriate new words from this lesson

（1）你的宿舍里有几_____椅子？

（2）我很高兴有_____来中国学习。

（3）我们班的同学互相_____，互相帮助，跟一家人一样。

（4）方老师对我们要求很_____。

（5）你怎么_____这么多衣服？

（6）上课的时候我们_____回答问题，加强听和说的_____。

（7）贝拉回答错了，她有点儿_____。

（8）同学们_____了很多好的意见和建议。

（9）你会_____汉语词典吗？

（10）你今天怎么来_____了？以后不能_____。

（11）为什么_____来这么多椅子？

（12）她从_____上过来了。

（13）我昨天没去上课，忘了_____老师_____了。

（14）祝你考试_____好成绩。

（15）哪位回答？请_____手。

（16）小张学习不努力，常常不_____作业。

（17）他的学习方法不太好，应该_____。

91

（18）现在开始自由_____，谁先说？

（19）很多同学_____考试，可是我不_____。

（三）句型　Sentence patterns

1. 替换　Substitution

(1) 你看，他从<u>下边</u><u>上</u>来了。

上边	下
外边	进
里边	出
工厂	回
那边	过
床上	起

(2) 他们在<u>山上</u>等你，快<u>上</u>去吧。

楼下	下
里边	进
外边	出
家里	回
屋子里	进
桥上	过

(3) A：小王呢？

　　B：她<u>回家</u>去了。

回	宿舍
进	屋
进	厕所
上	楼
上	五层

第七课　我也想多练习口语

下	楼
下	二层
到	北海
到	颐和园
到	丁兰那儿

（4）前边来了一个<u>老人</u>。

孩子
男孩儿
女孩儿
大夫
警察
外国人

（5）<u>教室</u>里搬来了<u>几把椅子</u>。

教室	几张	桌子
教室	一个	讲台
宿舍	一个	书架
宿舍	一个	书柜
房间	一张	床
房间	一个	衣柜

（6）<u>宿舍</u>里少了<u>一个书架</u>。

宿舍	一张	床
宿舍	一个	衣柜
教室	两把	椅子
教室	三张	桌子
房间	一个	写字台
房间	一个	沙发

2. 完成句子　Complete the following sentences

　　（1）这儿好看极了，你快＿＿＿＿＿＿＿＿吧。（上来）

　　（2）这儿好看极了，你快＿＿＿＿＿＿＿＿吧。（下来）

　　（3）这儿好看极了，你快＿＿＿＿＿＿＿＿吧。（进来）

　　（4）这儿好看极了，你快＿＿＿＿＿＿＿＿吧。（出来）

　　（5）这儿好看极了，你快＿＿＿＿＿＿＿＿吧。（过来）

　　（6）丁兰叫你呢，你快＿＿＿＿＿＿＿＿吧。（上去）

　　（7）丁兰叫你呢，你快＿＿＿＿＿＿＿＿吧。（下去）

　　（8）丁兰叫你呢，你快＿＿＿＿＿＿＿＿吧。（进去）

　　（9）丁兰叫你呢，你快＿＿＿＿＿＿＿＿吧。（出去）

　　（10）丁兰叫你呢，你快＿＿＿＿＿＿＿＿吧。（过去）

（四）按照下列情景，用本课句型谈话

Have a talk on the following topics, using the patterns in the text

1. 你跟你的同学讨论对教学的意见。

2. 你跟你的同学讨论星期天去哪儿玩儿。

（五）阅读　Reading

要多听多说

　　白老师听了同学们的发言以后，说：

　　"同学们提出了很多意见和建议。这些意见和建议对改进我们的教学很有帮助。我谢谢你们。

　　要想学好汉语，不是容易的事儿。要多听、多说。上课的时候要积极回答问题，下课以后也要多讲汉语，不要怕说错。对你们的学习，我一定严格要求。希望同学们上课不要迟到，有事向老师请假，要按时完成作业。

第七课　我也想多练习口语

我是你们的老师，也是你们的朋友，我希望你们每个人学习都取得好成绩。"

1. 选择正确答案　Multiple following choice

（1）白老师为什么说"我谢谢你们"？

　　A. 同学们提了很多好的意见和建议

　　B. 同学们上课的时候积极回答问题

　　C. 同学们上课不迟到

　　D. 同学们下课以后多讲汉语

（2）怎么样才能学好汉语？

　　A. 多提意见和建议　　　B. 多听、多说

　　C. 上课不迟到　　　　　D. 有事儿向老师请假

（3）白老师衷心（zhōngxīn　heartfelt）希望什么？

　　A. 严格要求同学们　　　B. 同学们按时完成作业

　　C. 是同学们的朋友　　　D. 同学们都取得好的学习成绩

2. 朗读短文　Read the text aloud

语法　Grammar

（一）趋向补语（2）　Complement of direction (2)

趋向动词"上、下、进、出、回、过、起、到"做述语，可带趋向补语"来 / 去"，见下表：

When the directional verb 上，下，进，出，回，过，起 or 到 funcfions as a predicative，it can be followed by the complement of direction 来 or 去，see the following table：

95

	上	下	进	出	回	过	起	到
来	上来	下来	进来	出来	回来	过来	起来	到…来
去	上去	下去	进去	出去	回去	过去		到…去

上来　　　上去　　　下来　　　下去

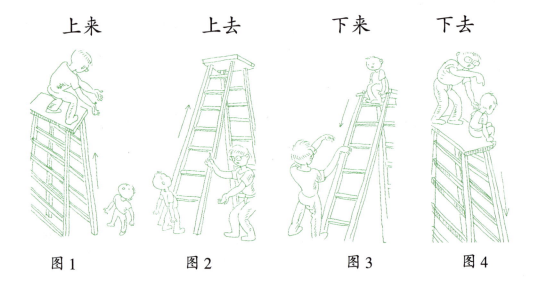

图1　　　图2　　　图3　　　图4

进来　　　　　　　进去

图5　　　　　　　图6

第七课 我也想多练习口语

出来 出去

图 7 图 8

回来 回去

图 9 图 10

起来 到…来

图 11 图 12

97

图 13

（二）隐现句　Appearance-disappearance sentence

表示事物出现或消失的句子简称为隐现句。这种句子的语序是：

A sentence which indicates that sth. appears or disappears is known as an appearance-disappearance sentence. The structural order of such sentences is as follows：

处所词语 + 趋向动词 / 带趋向补语或结果补语"走"的述补短语 / 多或少等 + 名词短语

如：

locative word+directional verb / predicative-complement phrase in which 走 acts as the complement of direction or result /多 or 少+nominal phrase，e.g.：

（1）前边来了一个人。

（2）教室里搬来（/走）了几把椅子。

（3）宿舍里多（/少）了一张桌子。

注意：宾语所代表的事物是不确指的。

Point for attention：The object in such a sentence should be indefinite.

第八课　你拿定主意了吧

 课文　Text

（办公室里，艾米正在和王欢老师谈话）

艾　米：王老师，有点儿小事想问问您。

王　欢：什么事？

艾　米：我想换点儿钱，可是去哪儿换好，我拿不定主意。

王　欢：你说说。

艾　米：去银行换吧，比价比较低；找私人换吧，又怕受骗。

王　欢：我给你讲一个真实的故事：某大学对外汉语教学中心有个留学生，上个月跟私人换了200美元，结果只换回两张100块。

艾　米：这是怎么回事？

王　欢：两张钞票中间夹的都是白纸。

艾　米：他上当了。

王 欢:现在你拿定主意了吧?

艾 米:还是去银行换吧。

(在银行)

艾 米:先生,我换钱。

营业员:换多少?

艾 米:150美元。

营业员:我看一下您的护照。

艾 米:给。

营业员:请填一张单子,
　　　　在这儿签字。

艾 米:用英文写还是用中文写?

营业员:都行。

艾 米:我单子填好了,你看对吗?

营业员:对。请等一会儿。

艾 米:请问,今天100美元对人民币的比价是多少?

营业员:100美元兑换748.36元人民币。这是1122块5毛4分。
　　　　请你数一数。

艾 米:没错。谢谢!

第八课　你拿定主意了吧

生词　New words

1.	定	（动）	dìng	to decide, to fix, to set
2.	办公室	（名）	bàngōngshì	office
3.	换	（动）	huàn	to change, to exchange
4.	银行	（名）	yínháng	bank
5.	比价	（名）	bǐjià	rate of exchange
6.	私人	（名）	sīrén	private, personal
7.	受骗		shòu piàn	to be taken in, to be deceived
	受	（动）	shòu	to accept, to suffer, to endure
	骗	（动）	piàn	to cheat, to deceive, to fool
8.	真实	（形）	zhēnshí	actual, real, true
9.	故事	（名）	gùshi	story
10.	某	（代）	mǒu	certain
11.	对外	（形）	duìwài	external, foreign
12.	中心	（名）	zhōngxīn	center, heart, core
13.	回	（量）	huí	(a measure word)
14.	钞票	（名）	chāopiào	paper money, bank bill
15.	夹	（动）	jiā	to place in between, to clip
16.	纸	（名）	zhǐ	paper
17.	护照	（名）	hùzhào	passport
18.	填	（动）	tián	to fill
19.	单子	（名）	dānzi	list, bill form
20.	签字	（动）	qiān zì	to sign
21.	一会儿	（名）	yíhuìr	a little while, in a while, soon

22.	兑换	（动）	duìhuàn	to exchange
23.	阅读	（动）	yuèdú	to read
24.	条件	（名）	tiáojiàn	condition, requirement
25.	窗户	（名）	chuānghu	window
26.	擦	（动）	cā	to clean, to rub, to wipe
27.	篮球	（名）	lánqiú	basketball
28.	打篮球		dǎ lánqiú	to play basketball
29.	京剧	（名）	jīngjù	Beijing opera
30.	爬	（动）	pá	to climb, to crawl
31.	顶	（名）	dǐng	peak, top
32.	外币	（名）	wàibì	foreign currency
33.	干吗	（代）	gànmá	why
34.	告诉	（动）	gàosu	to tell, to let know
35.	按	（动、介）	àn	to press, to push down, according to
36.	规定	（动、名）	guīdìng	rule, stipulation
37.	保险	（形、副）	bǎoxiǎn	sure, save, to be bound to
38.	商量	（动）	shāngliang	to discuss
39.	然后	（连）	ránhòu	then, after that
40.	事情	（名）	shìqing	thing, affair, matter
41.	还	（动）	huán	to return, to give back
42.	筷子	（名）	kuàizi	chopsticks
43.	基础	（名）	jīchǔ	foundation, base
44.	存	（动）	cún	to save, to store, to keep, to deposit, to exist, to reserve

第八课　你拿定主意了吧

 练习　Exercises

（一）语音　Pronunciation

1. 辨音辨调　Distinguish the sounds and tones

| yínháng | 银行 | bǐjiào | 比较 | zhèngshí | 证实 |
| yǐnháng | 引航 | bǐjià | 比价 | zhēnshí | 真实 |

| pāizi | 拍子 | yuèdú | 阅读 | tiáojiàn | 条件 |
| páizi | 牌子 | yúdú | 余毒 | tiáojiě | 调解 |

| jīngjù | 京剧 | gàosu | 告诉 | shāngliang | 商量 |
| jǐngjù | 警句 | gāosù | 高速 | shànliáng | 善良 |

2. 三音节声调　Tones of tri-syllables

shōufāshì	收发室	chuándáshì	传达室
gēngyīshì	更衣室	shíyànshì	实验室
zīliàoshì	资料室	shǒushùshì	手术室
yīwùshì	医务室	dǎzìshì	打字室

bàngōngshì	办公室	yuèlǎnshì	阅览室
lùyīnshì	录音室	huàyànshì	化验室
hòuchēshì	候车室	huìkèshì	会客室
hòujīshì	候机室	huìyìshì	会议室

3. 重音　Stress

小王走进了那个楼。

白老师已经走出了教室。

他已经搬进了一把椅子。

王欢只买回了一些水果。

4. 语调　Sentence intonation

你走!

快来!

不行!

不可以!

咱们一起去吧!

我跟你一起走吧!

你别走了!

你别说了!

(二) 词语　Words and phrases

1. 用下列生词至少组成两个短语

Make at least two phrases with each of the following words

(1) 换 _____ _____　　(2) 擦 _____ _____

(3) 夹 _____ _____　　(4) 爬 _____ _____

(5) 保险 _____ _____　　(6) 真实 _____ _____

(7) 告诉 _____ _____　　(8) 商量 _____ _____

(9) 事情 _____ _____　　(10) 还 _____ _____

(11) 骗 _____ _____　　(12) 存 _____ _____

2. 从本课生词表中选择恰当的词语填空

Fill in the blanks with the appropriate new words from this lesson

(1) 今天日元对人民币的_____是多少?

(2) 我先去_____换钱,_____去商店买东西。

(3) 昨天王欢去自由市场买东西又_____了。

(4) 星期日去哪儿玩儿，你拿_____主意了吗？

(5) 他的书里_____着很多纪念邮票。

(6) 你会用中文填这张_____吗？

(7) 下课以后白老师回_____去了。

(8) 今天下午中国学生跟韩国学生比赛_____。

(9) 这件事情别_____她。

(10) 按学校的_____每个学生都应该参加考试。

(11) 丁兰没去上课的_____原因是她不喜欢阅读课。

(12) 你来找我有什么_____？

(13) 这个学校的_____汉语教学_____有800多个留学生。

(14) 我累了，咱们休息_____吧。

3. 回答问题（注意使用本课的生词）

Answer the following questions (Use the new words in this lesson)

(1) 你去哪儿换钱？

(2) 词典里夹着什么？

(3) 小王说的是不是真实的故事？

(4) 你为什么来中国留学？

(5) 你喜欢去私人商店买东西吗？

(6) 你有外币吗？有什么外币？

(7) 请问，留学生办公室在哪儿？

(8) 谁在对外汉语教学中心学习汉语？

(9) 你有纸吗？借给我一张。

(10) 你看，我填的单子对不对？

(11) 谁在自由市场买东西受骗了？

(12) 我去还书，你去不去？

(13) 今天英镑对人民币的比价是多少？

(14) 你们有阅读课吗？

(15) 这里的学习条件怎么样？

(16) 你干吗换那么多钱？

（三）句型　Sentence patterns

1. 替换　Substitution

   (1) A：你<u>单子填好</u>了吗？
   　　B：我<u>单子填好</u>了。

作业	做完
生词	记住
课文	看懂
录音	听懂
中药	买来
房间	打扫
机票	预订
包裹	取来
电话	打通
自行车	修好

（2）A：他汉语学得怎么样？
　　B：他汉语学得很好。

作业	做	认真
课文	念	流利
汉字	写	清楚
词典	查	快
窗户	擦	干净
足球	踢	好
篮球	打	好
京剧	唱	好听
房间	收拾	整齐

（3）她已经爬上了山顶。

走下	楼
走进	办公室
跑出	公园
买回	几本书
走过	那座桥
拿起	一杯酒
来到	北京

2. 把下列词语连成句子　Put the words into sentences

　（1）京剧　唱　他　好　得　很

　（2）白老师　擦　干净　很　黑板　得

　（3）单子　错　填　了　贝拉

(4) 房间　干净　大内　得　很　打扫

(5) 没　记　我　生词　住

(6) 艾米　通　电话　没　打

(7) 笔试　金汉成　不　好　考　太　得

(8) 清楚　语法　方老师　特别　得　讲

(9) 山本　图书馆　刚　进　了　走

(10) 丁兰　邮局　取　从　回　包裹　的　她　了

（四）按照下列情景，用本课句型谈话

Have a talk on the following topics, using the patterns in the text

1. 你有一件事情拿不定主意，跟你的同学商量。
2. 你在银行换钱，你和你的同学分别扮演顾客和营业员。

（五）阅读并填空

Read and fill in the blanks with the words given below

去银行换钱

艾米的人民币花完了，想换点儿钱。

有个朋友告诉艾米，在这个城市有两种换外币的地方。一是去中国银行，按国家规定的比价换。二是在银行外边或者大商场（shāngchǎng, store）门口找私人换钱，换来的钱可能多一点儿，可是这样做不保险，容易受骗。艾米想来想去，拿不定主意，就去办公室找王欢老师商量。

王老师先给她讲了一件真实的事情，然后问她："去哪儿换，你拿定主意了吧?"艾米说："我还是去银行换吧，那儿保险。"

1. 判别正误

Decide if the following statements are true or false based on the reading passage

（1）艾米的钱花完了，想去银行取钱。

（2）在这个城市换钱可以去两种地方。

（3）在中国银行换钱比价低。

（4）找私人换钱不保险。

（5）在银行换钱容易受骗。

（6）王老师给艾米讲了一件真实的事情。

（7）艾米拿定主意找私人换钱。

（8）艾米拿定主意去银行换钱。

2. 朗读短文　Read the text aloud

四　语法　Grammar

（一）主谓谓语句 (2)

Sentence with a subject-predicate phrase（a S-P phrase）as its predicate (2)

受事成为次话题，提到施事主语之后的句子也是主谓谓语句。这种主谓谓语句的语序是：

A sentence in which the receiver of an action becomes the second topic and is placed after the doer of the action is known as a sentence with a S-P phrase as the predicate. The structural order of such sentences is as follows:

施事 + 受事 + 动作行为 + 结果 / 趋向 / 状态等。如：

doer of action + receiver of action + action + result / direction / state and so on, e.g.:

主语 zhǔyǔ	谓语 wèiyǔ	
	主语 zhǔyǔ	谓语 wèiyǔ
我	单子	填好了。
我	作业	做完了。
他	中药	买来了。
他	房间	收拾得很整齐。

（二）趋向补语（3）　　Complement of direction (3)

一般动作行为动词述语可以带由趋向动词"上、下、进、出、回、过、起、到"及"开"充当的趋向补语。

Generally, the predicative of an action verb can be followed by the directional verb 上，下，进，出，回，过，起，到 or 开 which functions as a complement of direction.

（三）时量补语（1）　　Complement of time-measure (1)

动词述语可带不定量的时量补语。如："等一会儿""想了好久"。

A verbal predicative can be followed by an indefinite duration as a complement of time-measure, such as 等一会儿 and 想了好久.

第九课
你的服务态度真好

   课文   Text

（一）

大　内：请问，这儿有丝绸吗？

售货员：有。你看，这些都是丝绸。

大　内：质量怎么样？

售货员：质量很好。

大　内：这些丝绸是哪儿生产的？

售货员：都是苏州的名牌儿产品。这批货我们卖得特别快。

大　内：多少钱一米？

售货员：59块5。

大　内：太贵了，别的商店才45块一米。

售货员：便宜没好货，好货不便宜。

大　内：50块一米，行不行？

售货员：我们是大商场，明码标价，不讨价还价。

（二）

大　内：那拿下来看看，可以吗？

售货员：当然可以。你要哪种颜色的？

大　内：最边上的那种。

售货员：你做什么衣服？

大　内：我想做一条裙子。

售货员：我觉得这种颜色对你不太合适。

大　内：那麻烦你帮我挑一种吧。

售货员：我看还是这种好。这种颜色的裙子穿在你身上一定更漂亮。

大　内：是吗？谢谢你，我买三米。

售货员：你做一条这种样子的裙子两米七就够了，买多了浪费。

大　内：你的服务态度真好！

第九课　你的服务态度真好

生词　New words

1.	态度	（名）	tàidu	manner, attitude
2.	…员		…yuán	a person engaged in some field of activity
3.	售货员	（名）	shòuhuòyuán	shop assistant
4.	丝绸	（名）	sīchóu	silk
5.	质量	（名）	zhìliàng	quality
6.	生产	（动、名）	shēngchǎn	to produce, to manufacture; production
7.	名牌儿	（名）	míngpáir	name brand
8.	产品	（名）	chǎnpǐn	product
9.	批	（量）	pī	batch, group
10.	别的	（代）	biéde	other, another
11.	商场	（名）	shāngchǎng	emporium
12.	明码标价		míngmǎ biāo jià	list prices, clearly marked prices
13.	讨	（动）	tǎo	to demand, to ask for
14.	价	（名）	jià	price
15.	讨价还价		tǎo jià huán jià	argy-bargy
16.	那（么）	（连）	nà(me)	like that, in that way
17.	颜色	（名）	yánsè	color
18.	裙子	（名）	qúnzi	skirt

113

19. 挑	(动)	tiāo	to choose, to select, to pick
20. 身上	(名)	shēnshang	on one, with one, on one's body
21. 样子	(名)	yàngzi	style
22. 够	(动、副)	gòu	enough
23. 浪费	(动)	làngfèi	to waste
24. 衬衫	(名)	chènshān	shirt
25. 上衣	(名)	shàngyī	jacket, upper outer garment
26. 裤子	(名)	kùzi	pants, trousers
27. 西服	(名)	xīfú	uit
28. 中山装	(名)	zhōngshānzhuāng	Chinese tunic suit
29. 相当	(副)	xiāngdāng	quite
30. 充分	(形)	chōngfèn	full, abundant, ample
31. 节目	(名)	jiémù	program, performance
32. 表演	(动)	biǎoyǎn	to perform
33. 照顾	(动)	zhàogù	to take care of, to look after
34. 十分	(副)	shífēn	very, fully, extremely
35. 师傅	(名)	shīfu	master, master worker
36. 教授	(名)	jiàoshòu	professor
37. 太太	(名)	tàitai	Mrs. Madame
38. 女士	(名)	nǚshì	lady
39. 主席	(名)	zhǔxí	chairman
40. 台	(名、量)	tái	platform

第九课　你的服务态度真好

41. 经过	（动、介、名）	jīngguò	to pass, to go through; after through; process
42. 于是	（连）	yúshì	as a result, thereupon
43. 改变	（动）	gǎibiàn	to change, to alter
44. 价值	（名）	jiàzhí	value, worth
45. 奇怪	（形）	qíguài	strange

▶ 〜〜〜〜〜〜〜〜〜〜〜〜专名　**Proper nouns**

1. 苏州	Sūzhōu	name of a city
2. 钱	Qián	a Chinese surname
3. 孙	Sūn	a Chinese surname
4. 周	Zhōu	a Chinese surname
5. 吴	Wú	a Chinese surname
6. 郑	Zhèng	a Chinese surname

练习　Exercises

（一）语音　Pronunciation

1. 辨音辨调　Distinguish the sounds and tones

| shìliàng 适量 | shēnzhǎn 伸展 | zhǎnpǐn 展品 |
| zhìliàng 质量 | shēngchǎn 生产 | chǎnpǐn 产品 |

115

{ yánsè   颜色
{ yínsè   银色

{ shànyì   善意
{ shàngyī 上衣

{ xīfú   西服
{ xífu   媳妇

{ biǎoyǎn 表演
{ bǎoyǎng 保养

{ qíguài   奇怪
{ xíguàn   习惯

2. 三音节声调　Tones of tri-syllables

cānyìyuán	参议员	yíngyèyuán	营业员
sīlìngyuán	司令员	fúwùyuán	服务员
gōngwùyuán	公务员	pínglùnyuán	评论员
chuīshìyuán	炊事员	chéngwùyuán	乘务员

fǔdǎoyuán	辅导员	shòuhuòyuán	售货员
zhǐdǎoyuán	指导员	shòupiàoyuán	售票员
jiǎngjiěyuán	讲解员	jiàoliànyuán	教练员
guǎnlǐyuán	管理员	huàyànyuán	化验员

3. 语调　Sentence intonation

（1）小王！　（2）丁兰！　（3）师傅！　（4）赵老师！

（二）词语　Words and phrases

1. 用下列生词至少组成两个短语
   Make at least two phrases with each of the following words

   （1）挑 _____ _____　　（2）别的 _____ _____
   （3）生产 _____ _____　（4）浪费 _____ _____
   （5）质量 _____ _____　（6）照顾 _____ _____
   （7）改变 _____ _____　（8）奇怪 _____ _____

2. 从本课生词表中选择恰当的词语填空
   Fill in the blanks with the appropriate new words from this lesson

   （1）昨天贝拉买了两米_____，她要做一条_____。
   （2）这种鞋是上海的名牌儿_____。

第九课　你的服务态度真好

（3）在自由市场买东西，你会_____吗？

（4）_____商店的东西比较贵，可是_____好。

（5）这件_____不大不小，很合适。

（6）我不知道哪种_____好，请你帮我_____一件，好吗？

（7）王才今天穿着一套新_____。

（8）贝拉昨天同意_____汉语节目，今天又说不同意，她_____主意了。

（9）我做一条_____，买一米二_____吗？

（10）这个城市缺水，请不要_____水。

3. 判断词语的位置　Put the given words in proper places

（1）他从 A 书架上 B 拿下 C 两本日文书 D 和一本《汉日词典》。

　　　　　　　　　来

（2）丁兰和于文 A 走 B 上 C 楼 D 了。

　　　　　　　　　去

（3）艾米 A 跑 B 下 C 楼 D 了。

　　　　　　　　　去

（4）艾米去邮局 A 取回 B 一个包裹，还寄 C 了两封信 D。

　　　　　　　　　来

（5）我 A 给妹妹 B 寄 C 了几件衣服 D 和一些书。

　　　　　　　　　去

（6）谁 A 走 B 出 C 教室 D 了？

　　　　　　　　　去

（7）白老师刚走进 A 教室 B 就 C 开始上课 D。

　　　　　　　　　来

(三) 句型　Sentence patterns

1. 替换　Substitution

   (1) A：昨天的作业你做完了吗？

   　　B：昨天的作业我做完了。

今天的语法	复习完
那批货	卖完
给妈妈的信	写完
给小刘的信	寄走
女儿的包裹	取来
我要的书	拿来
那件衬衫	做好
那件上衣	做好
那条裙子	做好
那条裤子	做好

   (2) A：这件事情他们做得怎么样？

   　　B：这件事情他们做得很好。

那批货	卖	特别快
那套西服	做	非常好
那套中山装	做	相当好
那些衣服	洗	干净极了
那些窗户	擦	不太干净
这个问题	回答	很好
这次考试	准备	非常充分
汉语节目	准备	非常认真
汉语节目	表演	好极了
那些病人	照顾	十分周到

第九课　你的服务态度真好

（3）A：谁从那边走过来了？

B：赵师傅从那边走过来了。

里边	出来	钱先生
外边	进来	孙教授
楼上	下来	李主任
楼下	上来	周院长
那儿	出来	吴小姐
这儿	进去	郑太太
门口儿	进去	王女士

（4）A：王老师呢？

B：王老师走上楼去了。

吴教授	跑下	楼
钱校长	走进	办公室
孙主任	走上	主席台
于先生	走进	教室
丁师傅	走回	家
周小姐	游过	河

2. 把下列句中的宾语放在"来／去"之后

   Put the objects of the sentences after 来／去

   （1）小张买回一瓶茅台来。

   （2）艾米给爸爸寄回一个包裹去。

   （3）丁兰从钱包里拿出100块钱来。

   （4）于文从外边带进一个孩子来。

   （5）王才从教室里搬出两把椅子去。

   （6）方云天带回一个足球去。

119

(7) 方龙从楼下拿上两瓶饮料来。

(8) 王欢给我送过一封信来。

（四）按照下列情景，用本课句型谈话
Have a talk on the following topics, using the patterns in the text

1. 你在大商场买衣服。

2. 你在自由市场买水果。

（五）阅读 Reading

这双鞋是用那块丝绸换的

有个人到一家商店买丝绸，想做裤子。一块1米2的丝绸，经过讨价还价，售货员同意30元卖给他。可是付钱的时候，他想：我的裤子还是新的，还能穿很长时间。于是对售货员说："我开始的时候想买这块丝绸做裤子。现在我改变主意了。你给一双价值30元的鞋吧。"

售货员拿出一双鞋来，这个人拿着鞋就走。售货员说："你还没付钱呢！"

"付什么钱？这双鞋是用那块丝绸换的。"

"可是你没付丝绸钱。"

"奇怪！我没拿你的丝绸，怎么还要付钱？"

1. 判断正误　True or false

（1）买丝绸的人付了30元钱。

（2）他开始的时候想做一条裤子，后来改变主意了。

（3）这个人用他的丝绸换了售货员一双鞋。

（4）他应该付30元鞋钱。

（5）他不应该付30元鞋钱。

2. 朗读短文　Read the text aloud

语法　Grammar

（一）主谓谓语句（3）
Sentence with a subject-predicate phrase（a S-P phrase）as its predicate (3)

受事成为主话题，提到施事之前的句子也是主谓谓语句。这种主谓谓语句的语序是：

A sentence in which the receiver of an action becomes the main topic and is placed before the doer of the action is also known as a sentence with a S-P phrase as the predicate. The structural order of such sentences is as follows:

受事 + 施事 + 动作行为 + 结果 / 趋向 / 状态等

receiver of action + doer of action + action + result / direction / state and so on，e.g.：如：

主语 zhǔyǔ	谓语 wèiyǔ	
	主语 zhǔyǔ	谓语 wèiyǔ
昨天的作业	我	已经做了。
信	他	写完了。
你要的书	我	拿来了。
这批货	我们	卖得特别快。

（二）趋向补语（4）　Complement of direction (4)

一般动作行为动词述语可带由"上、下、进、出"等趋向动词和"来/去"构成的复合趋向补语。如："走进来""拿回去"。

Generally, the predicative of an action verb can be followed by a complement of compound direction, which is composed of the directional verb 上, 下, 进 or 出 and so on and 来 or 去, such as 走进来 and 拿回去.

注意：(1) 有处所宾语时，处所宾语要放在"来/去"之前。(2) 有受事宾语时，受事宾语一般放在"来/去"之前，如果强调列举、对比或连续的动作行为，则要放在"来/去"之后。如：

Points for attention: (1) If there is an object of location in such a sentence, it should be placed before 来 or 去. (2) If there is an object of receiver of an action, it is usually placed before 来 or 去, but if the enumeration, contrast or an action series of the sentence is stressed, the object of receiver of the action should be placed after 来 or 去, e.g.:

(1) 他坐下来了。

(2) 王老师走上楼去了。

(3) 我换回钱来了。

(4) 他带进来一位老人和一个孩子。

(5) 他只带进来一位老人。

(6) 他搬进来一把椅子，还想搬进来一张桌子。

第十课
发给爸爸妈妈的邮件

 课文　Text

亲爱的爸爸、妈妈：

　　你们好！海伦也好吗？

　　爸爸妈妈不会忘记吧？今天是你们的银婚纪念日。我祝爸爸妈妈身体健康，生活幸福。愿你们两颗美好的心永远连在一起，共同走向25年后的金婚。

　　来中国已经一个多月了，我慢慢地习惯了这儿的生活。我每天7点起床，8点上课，下午去图书馆学习，4点以后去操场学打太极拳。晚上，我有时候写作业，有时候看电视或看电影。以前我常常去网吧，今天我买了一

台笔记本电脑,可以在宿舍上网了。这里的学习条件很好,每天的生活都很紧张,可是特别有意思。

我在这个学校的短期班学习。学习很忙,也很累,可是我的汉语水平不断提高,现在能和中国人说很多话了。我还交了几个新朋友。这儿的老师、同学对我都很关心,我也很喜欢他们。可以说,我在中国度过了一个多月美好的时光。

第十课　发给爸爸妈妈的邮件

从上星期开始，我参加了中国歌曲学习班，已经学会了三首中国歌。我最喜欢的一首是《世上只有妈妈好》。请爸爸别误会，您也很好。

一阵微风吹进我的房间，好凉快呀！愿这夏天的晚风，带去我对爸爸妈妈的问候。

我该洗澡了。下次再谈。

你们的女儿：艾米

2007年8月5日

生词　New words

1. 邮件　　（名）　　yóujiàn　　　mail
2. 银婚　　（名）　　yínhūn　　　silver wedding
   银(子)　（名）　　yín(zi)　　　silver
3. 愿　　　（能动）　yuàn　　　　to hope, to wish, to be willing
4. 颗　　　（量）　　kē　　　　　(a measure word)
5. 美好　　（形）　　měihǎo　　　fine, happy
6. 连　　　（动）　　lián　　　　to link, to connect
7. 共同　　（形）　　gòngtóng　　common

8. 金婚	(名)	jīnhūn	golden wedding
金(子)	(名)	jīn(zi)	gold
9. 地	(助)	de	(a structural particle)
10. 太极拳	(名)	tàijíquán	a kind of traditional Chinese shadowboxing
拳	(名)	quán	fist
11. 打太极拳		dǎ tàijíquán	to do Taijiquan
12. 电视	(名)	diànshì	television
13. 网吧	(名)	wǎngbā	internet bar
14. 笔记本电脑		bǐjìběn diànnǎo	laptop
笔记本	(名)	bǐjìběn	notebook
电脑	(名)	diànnǎo	computer
手提电脑		shǒutí diànnǎo	laptop
15. 上网		shàng wǎng	net surf
16. 这里	(代)	zhèlǐ	here
17. 短期	(名)	duǎnqī	short-term
短	(形)	duǎn	short, brief
18. 不断	(形)	búduàn	continuous
19. 提高	(动)	tígāo	to improve
20. 度过	(动)	dùguò	to spend, to pass
度	(动)	dù	to spend, to pass
21. 时光	(名)	shíguāng	time
22. 歌曲	(名)	gēqǔ	song

第十课　发给爸爸妈妈的邮件

23. 首	（量）	shǒu	(a measure word)
24. 世上	（名）	shìshàng	in the world
25. 只有	（连）	zhǐyǒu	only
26. 阵	（量）	zhèn	a gust of, a blast of
27. 微风	（名）	wēifēng	gentle breeze
微	（形）	wēi	tiny
28. 吹	（动）	chuī	to blow, to boast
29. 问候	（动、名）	wènhòu	to greet; greetings
30. 相亲相爱		xiāng qīn xiāng ài	to love each other devotedly
相	（副）	xiāng	each other, mutually
31. 白头到老		báitóu dào lǎo	to remain a devoted couple to the end of their lives
32. 洗澡		xǐ zǎo	to have a bath
33. 长期	（名）	chángqī	long-term
34. 除了…以外		chúle…yǐwài	except, apart from
35. 虽然	（连）	suīrán	although
36. 但是	（连）	dànshì	but
但	（连）	dàn	but
37. 结	（动）	jié	to tie, to form
38. 深厚	（形）	shēnhòu	deep

127

练习 Exercises

（一）语音　Pronunciation

1. 辨音辨调　Distinguish the sounds and tones

měihǎo 美好	tígāo 提高	guòqù 过去
mǎi hǎo 买好	tíbāo 提包	gēqǔ 歌曲

shíshàng 时尚	wǔhuì 舞会	búdàn 不但
shìshàng 世上	wùhuì 误会	búduàn 不断

cānguān 参观	xǐ zǎo 洗澡
sān guān 三关	xǐ jiǎo 洗脚

2. 三音节声调　Tones of tri-syllables

kāfēiguǎn 咖啡馆　　túshūguǎn 图书馆

tiānwénguǎn 天文馆　　yíngbīnguǎn 迎宾馆

gōngshǐguǎn 公使馆　　bówùguǎn 博物馆

lǐngshìguǎn 领事馆　　wénhuàguǎn 文化馆

zhǎnlǎnguǎn 展览馆　　dàshǐguǎn 大使馆

lǐfàguǎn 理发馆　　zhàoxiàngguǎn 照相馆

měishùguǎn 美术馆　　jìniànguǎn 纪念馆

tǐyùguǎn 体育馆　　sùcàiguǎn 素菜馆

（二）词语　Words and phrases

1. 用下列生词至少组成两个短语
Make at least two phrases with each of the following words

（1）发 ＿＿＿＿＿＿　＿＿＿＿＿＿　　（2）愿 ＿＿＿＿＿＿　＿＿＿＿＿＿

(3) 提高＿＿＿＿　＿＿＿＿　　　(4) 吹＿＿＿＿　＿＿＿＿

(5) 问候＿＿＿＿　＿＿＿＿　　(6) 参观＿＿＿＿　＿＿＿＿

(7) 美好＿＿＿＿　＿＿＿＿　　(8) 不断＿＿＿＿　＿＿＿＿

2. 从本课生词表中选择恰当的词语填空

   Fill in the blanks with the appropriate new words from this lesson

   (1) 明天是我爸爸和妈妈的＿＿＿＿＿＿纪念日。

   (2) 明天是我爷爷和奶奶的＿＿＿＿＿＿纪念日。

   (3) 你喜欢听中国＿＿＿＿＿＿还是外国＿＿＿＿＿＿？

   (4) 我永远不会忘记在中国＿＿＿＿＿＿的美好时光。

   (5) 你会唱《＿＿＿＿＿＿只有妈妈好》这＿＿＿＿＿＿歌吗？

   (6) 愿这首歌带去我对您的＿＿＿＿＿＿。

   (7) 我每天早上在操场打＿＿＿＿＿＿。

   (8) 她不太漂亮，可是有一颗＿＿＿＿＿＿的心。

   (9) 艾米每个星期给她的爸爸妈妈发一个＿＿＿＿＿＿。

   (10) 我今年在＿＿＿＿＿＿班学习，明年去＿＿＿＿＿＿班。

   (11) 在大学学习的时候，他们＿＿＿＿＿＿下了＿＿＿＿＿＿的友谊。

   (12) 我们学校旁边有一个＿＿＿＿＿＿，我常常去那儿＿＿＿＿＿＿＿＿＿＿＿＿。

   (13) 上课的时候多练习口语是我们＿＿＿＿＿＿的要求。

   (14) 我们应该努力＿＿＿＿＿＿汉语水平。

   (15) 愿你们两颗美好的心永远连在一起，相亲相爱，＿＿＿＿＿＿。

3. 回答问题（注意使用本课的生词）

Answer the following questions (Use the new words in this lesson)

（1）你会打太极拳吗？

（2）你常去操场打球吗？

（3）你会唱中国歌曲吗？会唱什么歌？

（4）你喜欢看中国电影吗？

（5）你常常看电视吗？

（6）什么时候是你爸爸妈妈的银婚纪念日？

（7）什么时候是他们的金婚纪念日？

（8）你在长期班学习还是在短期班学习？

（9）明天大内上子举办生日晚会，你参加吗？

（10）你们国家冬天常常刮风吗？

（11）你常写信问候你的爸爸妈妈吗？

（12）你的汉语水平提高得快不快？

（三）成段表达（注意说话 / 写作的条理性）

Say as much as possible on the following topics (with proper arrangement in your words)

1. 谈谈你一天的生活。

2. 谈谈你来中国以后的学习情况。

3. 练习写一封信。

（四）阅读　Reading

我永远不会忘记这儿的生活

时间过得真快，艾米来中国已经一个月了。

艾米在汉语短期班学习。她每周上28节汉语课，除了学习汉语以外，她还参加了中国歌曲学习班。现在她已经会唱好几首中国歌了。每天下午4点，她都去操场打太极拳。虽然天气很热，学习很累，但是，她觉得这儿的生活很有意思。

艾米交了几个中国朋友。她经常跟他们一起吃饭、聊天儿，有时候一块儿去公园玩儿。艾米说："和这些朋友在一起，我就不想家了。我们互相学习，互相帮助，结下了深厚的友谊。我永远不会忘记他们，也永远不会忘记这儿的生活。"

1. 回答问题　Answer the following questions

　　（1）这篇短文的主要意思是什么？（用一个句子概括）

　　（2）艾米喜欢这儿的生活吗？哪些句子说明她喜欢？

　　（3）艾米想家吗？你怎么知道的？（注意三个词的意思：经常跟他们一起……，有时候一块儿去……我就不想家了）

2. 朗读短文　Read the text aloud

（五）功能会话：听后模仿

　　Functional conversation：listen then imitate

1. 询问范围　Asking about a matter in certain aspects

　　（1）A：哪方面不习惯？

　　　　B：人多。到处都是人，公共汽车上也很挤。

（2）A：你哪方面不习惯？

B：我不习惯这儿的天气，夏天太热。

2. 询问动作对象　Asking about the object of action

（1）A：白老师教他们什么？

B：白老师教他们德语。

（2）A：他们叫你什么？

B：他们叫我小马。

（3）A：女儿寄来了什么东西？

B：女儿寄来了一些书。

（4）A：你给她寄去了什么东西？

B：我给她寄去了一封信。

（5）A：你买了什么东西？

B：我买了三个本子。

（6）A：你吃了什么东西？

B：我吃了二两米饭。

（7）A：她从桌子上拿起了什么东西？

B：她从桌子上拿起了一杯酒。

（8）A：他买回什么来了？

B：他买回一瓶茅台来。

（9）A：他买回来了什么？

B：他买回来一瓶茅台。

3. 问候病人　Seeing a patient

（1）A：听说您身体不好，我们来看看您。

B：谢谢，快请坐。

（2）A：听说你病了，我来看看你。

　　B：谢谢，来坐吧。

（3）A：现在好一些了吗？

　　B：吃了药以后不发烧了。

（4）A：您觉得好点儿了吗？

　　B：好多了。

（5）A：他身体怎么样了？

　　B：他身体好点儿了。

（6）A：他的病怎么样了？

　　B：他的病好多了。

（7）A：您好好休息吧！

　　B：谢谢你们来看我。

4. 祝愿　Good wishes

（1）A：祝你生日快乐！

　　B：谢谢！

（2）A：祝你生日快乐，天天快乐！

　　B：谢谢你！

（3）A：祝你永远快乐，永远幸福！

　　B：非常感谢！

（4）A：祝您健康长寿！（对老人）

　　B：谢谢！

（5）A：我代表我爸爸祝你生日快乐！

　　B：谢谢，非常感谢！

（6）A：祝你新年快乐！

　　B：谢谢！

（7）A：祝你事事顺利！

　　　B：太感谢你们了！

（8）A：祝您早日恢复健康！

　　　B：谢谢！

（9）A：愿你们相亲相爱，白头到老。（对新婚夫妇）

　　　B：谢谢！

（10）A：愿你们天天进步，汉语水平不断提高。

　　　B：谢谢！

5. 招待　Entertaining guests

（1）A：请坐，你喝点什么？

　　　B：随便。

　　　A：尝尝中国的乌龙茶。

（2）A：你喝点儿什么？

　　　B：什么都行。

　　　A：喝点儿饮料吧。

（3）A：你喝点儿什么？

　　　B：有茶吗？

　　　A：有，你尝尝中国的乌龙茶。

（4）A：家里没什么好吃的，吃点儿水果吧。

　　　B：你别客气，我们自己来。

语法　Grammar

多项定语的排列顺序　The order of various attributives in a sentence

多项定语有三种类型：并列关系、递加关系、交错关系。多项定语中，具有依次递加关系的多项定语最为复杂。这种多项定语的排列顺序一般是：

Various attributives can be classified into three types. They are attributives indicating coordinate relation, progressive relation and interlocking relation. Attributives which indicate progressive relation are the most complicated type. Generally, the structural order of various attributives in a sentence is as follows:

领属 lǐngshǔ	指示 zhǐshì	数量 shùliàng	来源 láiyuán	处所 chùsuǒ	状态 zhuàngtài	性质 xìngzhì	中心语 zhōngxīnyǔ
我	那	几件	从商店买来的		很漂亮的	丝绸	上衣
我	这	几本	朋友送的			中文	书
他	那	几个		在九楼的		新	朋友
他	那				高兴的		样儿

其中，表示来源、处所、状态的定语可以前移。如：

Among them, an attributive which indicates source, place or state can be moved to the front of a sentence, e.g.:

  从商店买来的那几件很漂亮的丝绸上衣

  那几件很漂亮的从商店买来的丝绸上衣

  住九楼的那几个新朋友

附录 Appendix

世上只有妈妈好

台湾故事影片《妈妈，再爱我一次》主题歌

1= D 4/4

中速稍快

蔡振南词
林国雄曲

世上只有妈妈好，
世上只有妈妈好，

有妈的孩子像块宝，
没妈的孩子像根草，

投进妈妈的怀抱，
离开妈妈的怀抱，

幸福享不了。
幸福哪里找？

练习参考答案 Key to exercises

第一课

(二) 词语

2. 填空

(1) 请　　(2) 清　　(3) 情　　(4) 比

(5) 北　　(6) 几　　(7) 儿、儿　　(8) 九

4. 判别正误

(1)（✕）　(2)（✕）　(3)（✓）　(4)（✓）　(5)（✕）

(六) 阅读

1. 选择正确答案

(1) C　　(2) A　　(3) D

第二课

(二) 词语

3. 填空

(1) 脸色　　(2) 散步　　(3) 对面　　(4) 游泳

(5) 预报　　(6) 气温　　(7) 生意　　(8) 成绩

(9) 努力　　(10) 自由　　(11) 季节

4. 填空

(1) C　　(2) D　　(3) A　　(4) A

137

5. 连线

第三课

(二) 词语

3. 填空

(1) 市场、上当　　(2) 货、货　　(3) 拼音
(4) 进口、高级　　(5) 尼龙　　(6) 操场
(7) 阅览室　　(8) 夸奖　　(9) 行家
(10) 商标　　(11) 参加　　(12) 愿意、国产
(13) 狠　　(14) 跳舞、跳舞　　(15) 有用

4. 判断词语的位置

(1) B　(2) D　(3) C　(4) B
(5) D　(6) C　(7) A　(8) C

(六) 阅读

1. 填空

(1) B　(2) A　(3) D　(4) C　(5) A
(6) D　(7) A　(8) A　(9) D　(10) C

第四课

（二）词语

3. 填空

(1) 发炎、厉害 (2) 要紧 (3) 感冒、中午 (4) 飞机
(5) 开水 (6) 一半 (7) 中药、西药 (8) 化验、化验
(9) 着 (10) 缺 (11) 量 (12) 因为
(13) 旧 (14) 考试 (15) 用功、及格 (16) 血压

4. 改写句子

(1) 我一下课就去食堂。
(2) 一到冬天我就感冒。
(3) 一到北京我就去看朋友。
(4) 我一复习完课文就做练习。
(5) 你一来，她的病就好了一半儿。
(6) 你一到中国就给我写信。

5. 判断词语的位置

(1) C (2) A (3) D (4) D
(5) C (6) D (7) A (8) D

（三）句型

2. 连线

刘老师不是北京人，（他的话我没完全听懂。）

这篇文章有很多生词（我没看懂。）

现在夜里11点半，（今天的作业刚做完。）

我刚开始学习滑冰，（还没学会呢）

这个汉字很容易，（你怎么写错了？）

对不起，（我说错了。）

我的词典呢？（你看见了吗？）

明天去南方旅行，（你的东西准备好了吗？）

（六）阅读

1. 填空

（1）B　　（2）D　　（3）C　　（4）C　　（5）A
（6）B　　（7）A　　（8）C　　（9）B　　（10）A
（11）D　　（12）C　　（13）A　　（14）D

第五课

（二）词语

3. 填空

（1）打开、页　　（2）往、包裹　　（3）专门、通
（4）水平　　（5）邮票　　（6）邮局
（7）超重、应该　　（8）海运、空运　　（9）麻烦
（10）重新　　（11）报（画报）　　（12）握
（13）一生　　（14）北方　　（15）中餐、西餐

4. 判断词语的位置

（1）C　（2）C　（3）A　（4）B　（5）C　（6）D

（五）阅读

1. 选择正确答案

（1）C　　（2）D

第六课

（二）词语

3. 填空

（1）取　　（2）收　　（3）啤酒、茅台　　（4）值得
（5）出版　　（6）举办、庆祝　　（7）爱好　　（8）忘记
（9）汉学　　（10）建议、同意

4. 判断词语的位置

（1）A （2）C （3）C （4）D （5）C
（6）B （7）B （8）A （9）B （10）B
（11）C （12）D

（三）句型

2. 改写句子

（1）新画报昨天出版了。

（2）我们班的同学昨天都去看方老师了。

（3）昨天彼得没去赵林家。

（4）我昨天去书店买了一本《汉英词典》。

（5）艾米昨天去邮局取了一件包裹。

（6）昨天我和方云天去自由市场买水果了。

（7）昨天我没去图书馆借书。

（8）山本正昨天参加了一场足球比赛。

（9）昨天我们为大内举办了一个生日晚会。

（10）我昨天在宿舍翻译了一篇文章。

第七课

（二）词语

3. 填空

（1）把　　　　（2）机会　　　　（3）关心　　　　（4）严格
（5）穿　　　　（6）积极、训练　（7）不好意思　　（8）提
（9）查　　　　（10）晚、迟到　　（11）搬　　　　　（12）桥
（13）向、请假　（14）取得　　　　（15）举　　　　　（16）完成
（17）改进　　　（18）发言　　　　（19）怕、怕

（六）阅读

1. 选择正确答案

（1）A　　（2）B　　（3）D

第八课

(二) 词语

3. 填空

(1) 比价　　　(2) 银行、然后　　(3) 受骗

(4) 定　　　　(5) 夹　　　　　　(6) 单子

(7) 办公室　　(8) 篮球　　　　　(9) 告诉

(10) 规定　　 (11) 真实　　　　 (12) 事情

(13) 对外、中心　(14) 一会儿

(三) 句型

2. 把下列词语连成句子

(1) 他京剧唱得很好。

(2) 白老师黑板擦得很干净。

(3) 贝拉单子填错了。

(4) 大内房间打扫得很干净。

(5) 我生词没记住。

(6) 艾米电话没打通。

(7) 金汉成笔试考得不太好。

(8) 方老师语法讲得特别清楚。

(9) 山本刚走进了图书馆。

(10) 丁兰从邮局取回了她的包裹。

(六) 阅读

1. 判别正误

(1) ×　　(2) √　　(3) √　　(4) √

(5) ×　　(6) √　　(7) ×　　(8) √

第九课

（二）词语

2. 填空

(1) 丝绸、裙子　　(2) 产品　　(3) 讨价还价

(4) 国营、质量　　(5) 上衣（衬衫）　　(6) 颜色（质量）、挑

(7) 西服　　(8) 表演、改变　　(9) 裙子（裤子）、够

(10) 浪费

3. 判断词语的位置

(1) C　　(2) D　　(3) D　　(4) B

(5) C　　(6) D　　(7) B

（六）阅读

1. 判别正误

(1) ×　　(2) √　　(3) ×　　(4) √　　(5) ×

第十课

（二）词语

2. 填空

(1) 银婚　　(2) 金婚　　(3) 歌曲、歌曲

(4) 度过　　(5) 世上、首　　(6) 问候

(7) 太极拳　　(8) 美好　　(9) 邮件

(10) 短期、长期　　(11) 结、深厚　　(12) 网吧，上网

(13) 共同　　(14) 提高　　(15) 白头到老

词汇总表 Vocabulary list

A

啊	（象声）	ā	4
啊	（叹）	à	5
爱好	（动、名）	àihào	6
爱人	（名）	àiren	2
按	（动、介）	àn	8
按时	（副）	ànshí	4

B

把	（量）	bǎ	7
白天	（名）	báitiān	2
白头到老		báitóu dào lǎo	10
百	（数）	bǎi	2
搬	（动）	bān	7
办公室	（名）	bàngōngshì	8
包	（动）	bāo	5
包裹	（动、名）	bāoguǒ	5
包装	（动、名）	bāozhuāng	5
保险	（形、副）	bǎoxiǎn	8
报	（名）	bào	5
杯	（量）	bēi	6
北（边）	（名）	běi(bian)	1

144

北方	（名）	běifāng	5
比	（动）	bǐ	1
比价	（名）	bǐjià	8
比赛	（名、动）	bǐsài	1
笔记本电脑		bǐjìběn diànnǎo	10
表演	（动）	biǎoyǎn	9
别的	（代）	biéde	9
冰	（名）	bīng	2
不断	（形）	búduàn	10
不好意思		bù hǎoyìsi	7
布	（名）	bù	3
布鞋	（名）	bùxié	3
部分	（名）	bùfen	5

C

擦	（动）	cā	8
餐厅	（名）	cāntīng	6
参加	（动）	cānjiā	3
操场	（名）	cāochǎng	3
查	（动）	chá	7
差	（动）	chà	1
产品	（名）	chǎnpǐn	9
长期	（名）	chángqī	10
场	（名、量）	chǎng	1
钞票	（名）	chāopiào	8
超重	（动）	chāozhòng	5
车站	（名）	chēzhàn	3
衬衫	（名）	chènshān	9
成绩	（名）	chéngjì	2

迟到	（动）		chídào	7
充分	（形）		chōngfèn	9
重新	（副）		chóngxīn	5
出版	（动）		chūbǎn	6
出发	（动）		chūfā	1
除了…以外			chúle…yǐwài	10
穿	（动）		chuān	7
窗户	（名）		chuānghu	8
吹	（动）		chuī	10
春天	（名）		chūntiān	2
春季	（名）		chūnjì	2
存	（动）		cún	8

D

打电话			dǎ diànhuà	1
打开			dǎkāi	5
打篮球			dǎ lánqiú	8
打太极拳			dǎ tàijíquán	10
大便	（动、名）		dàbiàn	4
大家	（代）		dàjiā	7
耽误	（动）		dānwu	1
单子	（名）		dānzi	8
但是	（连）		dànshì	10
但	（连）		dàn	10
得了	（动）		déle	3
地	（助）		de	10
低	（形、动）		dī	2
点心	（名）		diǎnxin	6

电话	（名）	diànhuà		1
电脑	（名）	diànnǎo		10
电扇	（名）	diànshàn		4
电视	（名）	diànshì		10
掉	（动）	diào		4
顶	（名）	dǐng		8
定	（动）	dìng		8
东(边)	（名）	dōng(bian)		1
东方	（名）	dōngfāng		6
度	（量）	dù		2
度	（动）	dù		10
度过	（动）	dùguò		10
短期	（名）	duǎnqī		10
短	（形）	duǎn		10
兑换	（动）	duìhuàn		8
队	（名）	duì		1
对	（动）	duì		1
对面	（名）	duìmiàn		2
对外	（形）	duìwài		8

F

发言		fā yán		7
发言	（名）	fāyán		7
发炎	（动）	fāyán		4
放心		fàng xīn		1
飞机	（名）	fēijī		4
费	（名）	fèi		5
分	（量）	fēn		1

	风	（名）	fēng	4
	父亲	（名）	fùqin	2
G	改变	（动）	gǎibiàn	9
	改进	（动）	gǎijìn	7
	干吗	（代）	gànmá	8
	感冒	（动、名）	gǎnmào	4
	高	（形、名）	gāo	2
	高级	（形）	gāojí	3
	告诉	（动）	gàosu	8
	歌曲	（名）	gēqǔ	10
	格	（名）	gé	4
	共同	（形）	gòngtóng	10
	够	（动、副）	gòu	9
	古老	（形）	gǔlǎo	6
	故事	（名）	gùshi	8
	刮	（动）	guā	4
	挂号		guà hào	5
	关心	（动）	guānxīn	7
	观众	（名）	guānzhòng	1
	规定	（动、名）	guīdìng	8
	国产	（形）	guóchǎn	3
	国家	（名）	guójiā	2
H	海	（名）	hǎi	5
	海运	（动）	hǎiyùn	5

行家	（名）	hángjia		3
航空	（动、名）	hángkōng		5
好像	（动、副）	hǎoxiàng		6
贺年片	（名）	hèniánpiàn		6
狠	（形）	hěn		3
后年	（名）	hòunián		2
护照	（名）	hùzhào		8
花	（动）	huā		3
滑	（动）	huá		2
画报	（名）	huàbào		5
化验	（动）	huàyàn		4
还	（动）	huán		8
换	（动）	huàn		8
回	（量）	huí		8
货	（名）	huò		3

J

基础	（名）	jīchǔ		8
机场	（名）	jīchǎng		3
机会	（名）	jīhuì		7
机票	（名）	jīpiào		6
积极	（形）	jījí		7
集邮		jí yóu		5
及格		jí gé		4
季	（名）	jì		2
季节	（名）	jìjié		2
纪念	（动、名）	jìniàn		5
夹	（动）	jiā		8

149

…家		…jiā	6
加强	(动)	jiāqiáng	7
价	(名)	jià	9
价值	(名)	jiàzhí	9
架	(量)	jià	4
间	(动)	jiàn	2
建议	(动、名)	jiànyì	6
讲	(动)	jiǎng	4
讲台	(名)	jiǎngtái	7
角	(量)	jiǎo	3
教授	(名)	jiàoshòu	9
节目	(名)	jiémù	9
结	(动)	jié	10
结果	(名)	jiéguǒ	4
结婚		jié hūn	6
借	(动)	jiè	6
斤	(量)	jīn	3
金婚	(名)	jīnhūn	10
金(子)	(名)	jīn(zi)	10
进口		jìn kǒu	3
京剧	(名)	jīngjù	8
经常	(副、形)	jīngcháng	6
经过	(动、介、名)	jīngguò	9
酒	(名)	jiǔ	6
旧	(形)	jiù	4
举	(动)	jǔ	7
举办	(动)	jǔbàn	6

K

开水	（名）	kāishuǐ	4
开玩笑		kāi wánxiào	6
砍	（动）	kǎn	3
看来		kànlái	1
考	（动）	kǎo	4
考试		kǎo shì	4
可能	（能动、名）	kěnéng	3
刻	（量）	kè	1
空运	（动）	kōngyùn	5
裤子	（名）	kùzi	9
夸奖	（动）	kuājiǎng	3
筷子	（名）	kuàizi	8
宽	（形、名）	kuān	2

L

篮球	（名）	lánqiú	8
浪费	（动）	làngfèi	9
厉害	（形）	lìhai	4
连	（动）	lián	10
脸色	（名）	liǎnsè	2
脸	（名）	liǎn	2
量	（动）	liáng	4
两	（量）	liǎng	3
辆	（量）	liàng	6
0 [零]	（数）	líng	1

M

麻烦	（动、形、名）	máfan	5
卖	（动）	mài	3

馒头	(名)	mántou	5
毛	(量)	máo	3
毛衣	(名)	máoyī	6
美好	(形)	měihǎo	10
门口	(名)	ménkǒu	1
们	(尾)	men	7
…迷		…mí	1
迷	(动)	mí	1
米	(量)	mǐ	2
米饭	(名)	mǐfàn	5
面包	(名)	miànbāo	6
秒	(量)	miǎo	2
明码标价		míngmǎ biāo jià	9
明年	(名)	míngnián	2
名牌儿	(名)	míngpáir	9
某	(代)	mǒu	8

N

拿	(动)	ná	3
哪里	(代)	nǎli	5
那(么)	(连)	nà(me)	9
那些	(代)	nàxiē	3
南(边)	(名)	nán(bian)	1
男孩儿	(名)	nánháir	7
嗯	(叹)	ng	4
尼龙	(名)	nílóng	3
努力	(形)	nǔlì	2
女孩儿	(名)	nǚháir	7
女士	(名)	nǚshì	9

P

爬	（动）	pá	8
怕	（动）	pà	7
牌子	（名）	páizi	8
批	（量）	pī	9
啤酒	（名）	píjiǔ	6
皮鞋	（名）	píxié	3
片	（名、量）	piàn	4
骗	（动）	piàn	8
票	（名）	piào	1
拼音	（动）	pīnyīn	3
瓶儿	（名、量）	píngr	4

Q

妻子	（名）	qīzi	3
奇怪	（形）	qíguài	9
起床		qǐ chuáng	1
气温	（名）	qìwēn	2
千	（数）	qiān	2
签字	（动）	qiān zì	8
前年	（名）	qiánnián	2
桥	（名）	qiáo	7
瞧	（动）	qiáo	3
亲爱	（形）	qīn'ài	6
晴	（形）	qíng	2
情人	（名）	qíngrén	6
请假		qǐng jià	7
庆祝	（动）	qìngzhù	6

	秋天	（名）	qiūtiān	2
	秋季	（名）	qiūjì	2
	球	（名）	qiú	1
	取	（动）	qǔ	6
	取得	（动）	qǔdé	7
	去年	（名）	qùnián	2
	拳	（名）	quán	10
	缺	（动）	quē	4
	裙子	（名）	qúnzi	9
R	然后	（连）	ránhòu	8
	人们	（名）	rénmen	4
	认真	（形）	rènzhēn	7
	日历	（名）	rìlì	2
S	赛	（动）	sài	1
	散步		sàn bù	2
	色(色儿)	（名）	sè;(shǎir)	2
	沙发	（名）	shāfā	7
	商标	（名）	shāngbiāo	3
	商贩	（名）	shāngfàn	3
	商量	（动）	shāngliang	8
	上班		shàng bān	1
	上当		shàng dàng	3
	上网		shàng wǎng	10
	上衣	（名）	shàngyī	9
	身上	（名）	shēnshang	9

深厚	（形）	shēnhòu	10
生产	（动、名）	shēngchǎn	9
生意	（名）	shēngyi	2
师傅	（名）	shīfu	9
十分	（副）	shífēn	9
时光	（名）	shíguāng	10
使	（动）	shǐ	6
世上	（名）	shìshàng	10
事情	（名）	shìqing	8
市场	（名）	shìchǎng	3
收	（动）	shōu	6
收据	（名）	shōujù	5
首	（量）	shǒu	10
售货员	（名）	shòuhuòyuán	9
受	（动）	shòu	8
受骗		shòu piàn	8
书柜	（名）	shūguì	7
水平	（名）	shuǐpíng	5
睡觉		shuì jiào	1
私人	（名）	sīrén	8
丝绸	（名）	sīchóu	9
丝袜	（名）	sīwà	3
虽然	（连）	suīrán	10
所	（量）	suǒ	6

T

台	（名、量）	tái	9
太极拳	（名）	tàijíquán	10
太太	（名）	tàitai	9
态度	（名）	tàidu	9

讨价还价		tǎo jià huán jià	9
讨	（动）	tǎo	9
套	（量）	tào	5
踢	（名）	tī	1
提	（动）	tí	7
提高	（动）	tígāo	10
体育场	（名）	tǐyùchǎng	1
体育	（名）	tǐyù	1
填	（动）	tián	8
挑	（动）	tiāo	9
条件	（名）	tiáojiàn	8
跳舞		tiào wǔ	3
贴	（动）	tiē	5
厅	（名）	tīng	6
听	（量）	tīng	6
挺	（副）	tǐng	1
…通		…tōng	5
同意	（动）	tóngyì	6

W

袜子	（名）	wàzi	3
外币	（名）	wàibì	8
外国	（名）	wàiguó	3
玩笑	（名）	wánxiào	6
丸	（名、量）	wán	4
丸药	（名）	wányào	4
完成		wán chéng	7
晚	（形）	wǎn	7
晚饭	（名）	wǎnfàn	1

	网吧	（名）	wǎngbā	10
	往	（介）	wǎng	5
	忘记	（动）	wàngjì	6
	忘	（动）	wàng	6
	微风	（名）	wēifēng	10
	微	（形）	wēi	10
	喂	（叹）	wèi	1
	文学	（名）	wénxué	5
	问候	（动、名）	wènhòu	10
	握	（动）	wò	5
	屋(子)	（名）	wū(zi)	7
	午饭	（名）	wǔfàn	1
X	西(边)	（名）	xī(bian)	1
	西餐	（名）	xīcān	5
	西服	（名）	xīfú	9
	西药	（名）	xīyào	4
	希望	（动、名）	xīwàng	7
	洗澡		xǐ zǎo	10
	下班		xià bān	1
	先	（名、副）	xiān	6
	相当	（副）	xiāngdāng	9
	相亲相爱		xiāng qīn xiāng ài	10
	相	（副）	xiāng	10
	像	（动、副）	xiàng	6
	向	（介）	xiàng	7
	小便	（动、名）	xiǎobiàn	4

	小贩	（名）	xiǎofàn	3
	小说	（名）	xiǎoshuō	3
	鞋	（名）	xié	3
	血	（名）	xiě	4
	写字台	（名）	xiězìtái	7
	雪	（名）	xuě	2
	血压	（名）	xuèyā	4
	训练	（动）	xùnliàn	7
Y	呀	（叹）	yā	3
	牙	（名）	yá	4
	严格	（形）	yángé	7
	颜色	（名）	yánsè	9
	样子	（名）	yàngzi	9
	药方	（名）	yàofāng	4
	药片	（名）	yàopiàn	4
	药水儿	（名）	yàoshuǐr	4
	要求	（动、名）	yāoqiú	7
	要	（副）	yào	7
	要紧	（形）	yàojǐn	4
	页	（量）	yè	5
	夜间	（名）	yèjiān	2
	夜里	（名）	yèli	4
	一…就…		yī…jiù…	4
	一半	（数）	yíbàn	4
	一点儿	（数量）	yìdiǎnr	1

一会儿	（名）	yíhuìr	8
一生	（名）	yìshēng	5
(一)些	（量）	(yì)xiē	3
衣柜	（名）	yīguì	7
椅子	（名）	yǐzi	7
以前	（名）	yǐqián	1
亿	（数）	yì	2
意见	（名）	yìjian	7
阴	（形）	yīn	2
因为	（介、连）	yīnwèi	4
银婚	（名）	yínhūn	10
银(子)	（名）	yín(zi)	10
银行	（名）	yínháng	8
应该	（能动）	yīnggāi	5
用功	（形）	yònggōng	4
邮费	（名）	yóufèi	5
邮件	（名）	yóujiàn	10
邮局	（名）	yóujú	5
邮票	（名）	yóupiào	5
游泳		yóu yǒng	2
有时候		yǒu shíhou	7
友谊	（名）	yǒuyì	1
有用	（形）	yǒuyōng	3
又…又…		yòu…yòu…	3
于是	（连）	yúshì	9
雨	（名）	yǔ	2
预报	（动）	yùbào	2
…员		…yuán	9

159

愿	（能动）	yuàn		10
愿意	（能动）	yuànyì		3
月	（名）	yuè		2
阅读	（动）	yuèdú		8
阅览室	（名）	yuèlǎnshì		3
云	（名）	yún		2
运	（动）	yùn		5

Z

杂志	（名）	zázhì		5
咱们	（代）	zánmen		1
早饭	（名）	záofàn		1
早上	（名）	zǎoshang		1
丈夫	（名）	zhàngfu		6
着	（动）	zháo		4
照顾	（动）	zhàogù		9
照片	（名）	zhàopiàn		6
这里	（代）	zhèli		10
这些	（代）	zhèxiē		3
这样	（代）	zhèyàng		3
真实	（形）	zhēnshí		8
阵	（量）	zhèn		10
值得	（动）	zhíde		6
只是	（连）	zhǐshì		7
只要…就…		zhǐyào…jiù…		5
只有	（连）	zhǐyǒu		0
纸	（名）	zhǐ		8
质量	（名）	zhìliàng		9
中	（形）	zhōng		2

中餐	（名）	zhōngcān	5
中山装	（名）	zhōngshānzhuāng	9
中午	（名）	zhōngwǔ	4
中心	（名）	zhōngxīn	8
中约	（名）	zhōngyào	4
钟	（名）	zhōng	1
重	（形、名）	zhòng	5
周到	（形）	zhōudào	6
主席	（名）	zhǔxí	9
专门	（副、形）	zhuānmén	5
专心	（形）	zhuānxīn	6
转	（动）	zhuǎn	2
自由	（形、名）	zìyóu	2
自由泳	（名）	zìyóuyǒng	3
字	（名）	zì	3
足球	（名）	zúqiú	1

专名 Proper nouns

B

北海	Běihǎi	7

D

大连	Dàlián	1

法国	Fǎguó	3
法郎	Fǎláng	8

G

高	Gāo	4

| 广州 | Guǎngzhōu | 1 |

H

杭州	Hángzhōu	1
汉学	Hànxué	6
怀特	Huáitè	6

L

| 刘丽 | Liú Lì | 3 |

M

| 玛丽 | Mǎlì | 6 |
| 茅台 | Máotái | 6 |

N

| 南京 | Nánjīng | 1 |

Q

| 钱 | Qián | 9 |
| 青岛 | Qīngdǎo | 1 |

S

| 摄氏 | Shèshì | 2 |

| 苏州 | Sūzhōu | 9 |
| 孙 | Sūn | 9 |

T

| 天津 | Tiānjīn | 1 |

W

| 吴 | Wú | 9 |

X

| 西安 | Xī'ān | 1 |
| 香山 | Xiāng Shān | 6 |

Y

| 颐和园 | Yíhéyuán | 7 |

Z

郑	zhèng	9
中国文化研究	Zhōngguó Wénhuà Yánjiū	6
周	Zhōu	9

语法索引（第1册—第3册）
Index of grammar (Book 1–Book 3)

B
| 百以内称数法 | 2-2 |

C
| 程度补语（1） | 3-3 | 存在句（1） | 2-8 |

D
"的"字结构	2-8	动态助词"了₂"（1）	3-3
动词重叠（1）	2-9	动态助词"了₂"（2）	3-4
动量补语（1）	2-7	短语的类型	2-10
动态助词"了₁"（1）	3-6	多项定语的排列顺序	3-10

F
| 方位表达法 | 2-8 |

J
结构助词"得"	2-6	句子成分	2-5
结构助词"的"	2-4	句子的语用类型	3-5
结果补语（1）	3-4		

L
| 领有句 | 2-2 |

M
名词谓语句		3-1

Q
钱数表达法	3-3	趋向补语（3）	3-8
趋向补语（1）	3-6	趋向补语（4）	3-9
趋向补语（2）	3-7		

R
日期表达法	3-2

S
"是"字句	2-1	是非疑问句（1）	2-1
时量补语（1）	3-8	是非疑问句（2）	3-2

T
特指疑问句	2-2

X
形容词谓语句	2-3	选择疑问句	2-4

Y
一百以上的称数法	3-2	用"呢"的省略疑问句	3-1
意义上的被动句	2-6	语气助词"了"	2-8
隐现句	3-7		

Z
正反疑问句（1）	2-3	主谓谓语句（2）	3-8
正反疑问句（2）	2-9	主谓谓语句（3）	3-9
钟点儿表达法	3-1	状态补语	2-6
主谓谓语句（1）	3-2		